渓流釣りが ある日突然上手くなる

白滝治郎

つり人社

前書き

長良川上流で生まれ育ち釣りを覚えた私の周りには、一昔前までアマゴやアユ釣りで生計を立てる職漁師と呼ばれる人たちがいました。彼らのアマゴ釣りのフィールドは、長良川の本支流はもとより近隣河川にまで及んでいました。そんな彼らのポイントを見抜く目、タックル、釣技は、まさに生活をかけて試行錯誤しながら育んできたものであり、現代釣法の礎《いしずえ》になった部分もあります。彼らの経験に培われたことわざの中に「吉田川の魚30尾より長良川の魚10尾」というのがあります。吉田川は長良川の支流ですが、この言葉の意味するところは魚の大きさや価値の差もありますが、釣技について「本流のアマゴは支流のアマゴより手ごわく、釣るのが難しい」ということをいっているのです。10代から20代にかけての私はそんな職漁師たちに囲まれ、ときには教えを請いながら長良川本流をそれなりに釣れるようになり、長良川の釣りこそが最高であると自負するようになっていました。

ところが、当時ほんの一握りの釣り人しか手を出しえなかった本流域のヤマメ、アマゴ釣りが広く一般に普及し、大勢の釣り人が繰り出すようになると、なかなか思うような釣りをさせてもらえなくなりました。そんなときに出会ったのが、東北の伊藤稔さんが実践し、理論化されたゼロ釣法と呼ばれる新釣法でした。私はその新しい技術の威力を思い知る一方で、ゼロ釣法もまた万能ではないこともわかってきました。自分なりに新旧取り混ぜながら試行錯誤する中で、渓流釣りの根底にあるものを見つめ直しながら、それなりの理論と、複雑極まりない現代のフィールドで渓流魚を釣る術を見出してきたつもりです。

エサの豊富な本流域で飽食したパワーあふれる魚とのやりとりは、渓流域における釣りとはまた違った面白さを味わうことができます。そうかと思うと水量が多く複雑な流れは、釣り人に思うような釣りをさせてくれないことも事実です。たまに大釣りができることがあっても四苦八苦することのほうが多いのも本流釣りなのです。また、渓流釣りは天候、水位、水温、先行者の有無など周りの状況に左右される釣りです。「今日は渇水がひどくて釣れない」「水温が下がったから釣れない」「魚がスレていて釣れない」、いろんな言い訳が口から出てしまいがちです。でも、条件が悪くてもそれなりの釣果を上げられるようになれば、釣りはより楽しいものになります。

本書では「自称中級」を脱却できない釣り人が直面する課題、難題をクリアし、次のステップへと踏み出すための要点をおさえることに全力を注ぎました。もちろん本流域の釣りに限った内容ではありません。本流を釣りこなす力を備えれば、支流や源流域での釣りも確実にレベルアップします。

自分の釣りに何か不自由や不満、不安を抱えている人、テクニックや釣果が伸び悩んでいる人は、ぜひ本書を参考に1ランク上の渓流マンをめざしてください。きっとモヤモヤしていたものが吹き飛び、新しい渓流釣りの世界が見えてくると思います。

目次

カバー装丁　日創
イラスト　石井正弥

六ノ扉　釣果アップに即効！　きっと役立つ豆知識

壱ノ扉

知らなきゃ大損！
テクニック以前の超常識

相手を知らなきゃ始まらない。渓魚についてどこまで知ってる？

渓流釣りの対象となる魚にはヤマメ、アマゴ、イワナをはじめ、それぞれの降海型であるサクラマス、サツキマス、アメマスなどの在来魚から、ニジマス、ブラウントラウト等々、海外から移入された魚までいろいろな魚種がいます。一般に渓流釣りの対象として渓魚と呼ばれるのはヤマメやアマゴ、イワナです。なかでも本流釣りでねらうのはヤマメとアマゴということになります。ヤマメとアマゴは非常によく似た魚です。分類上はいずれもサケ科に属します。アブラビレを持ち、サケ・マス類の幼魚期の特徴である、パーマークと呼ばれる小判型の模様が体側に並ぶ様相はどちらもほぼ同じです。パーマークを身にまとったまま成長、成熟する魚ということで、遠い過去に陸封された歴史を持つ魚ということになります。

外観上両者を区別する唯一の違いは、アマゴの体側には朱点があり、ヤマメにはそれがないことです。よく似た両者ですが、本来の生息域をみるとアマゴが神奈川県酒匂川の右岸側以西の太平洋側と四国全域、大分県大野川以北の九州瀬戸内海側の河川であり、それ以外はヤマメが生息するとされています。この分布境界線を大島曲線（11頁図）と呼びます。もっとも最近は放流によってこの生息分布が乱れている例もあります。

ヤマメやアマゴは秋に河川の上流や支流で産卵し、冬場にかけて孵化します。孵化した仔

アマゴ

サツキマス

シラメ

魚は水ぬるむ春先までの間は産卵床の中でじっとしています。水温の上昇とともに浮上して活発にエサを追うようになり、1年後の翌秋には全長15㎝前後に成長しますが、エサの豊富な本流域へ出た個体の中には1年で20㎝前後まで成長するものもいます。そのうちの一部はヤマメではヒカリ、アマゴではシラメなどと呼ばれる銀毛化した個体となり、海へ降ります。ヤマメの場合は孵化してから2年目の春に海へ降り翌年の春まで、ときにはさらに1年以上を海中で過ごしサクラマスとなって遡上します。アマゴの場合は孵化して1年目の秋に海へ降り翌年の春にはサツキマスとなって遡上します。ヤマメ（サクラマス）が1年以上の海中生活であるのに対し、アマゴ（サツキマス）は半年です。海水温の関係でサクラマスとサツキマスの海中生活の期間

ヤマメ

サクラマス

に違いがあるのだろうといわれています。また、川を下るものの、海まで行かずに途中まで降りてまた遡上してくるモドリ、ノボリなどといわれるものもいます。

ヤマメやアマゴは冷水性の魚であり、一般に年間を通じて水温が20℃以下の渓流域に生息するといわれていますが、その他の環境が整っていれば、それ以上に高い水温のところでも充分生息しますし、河川によっては春先から夏場の水温が上昇するまでの間だけ下流域に姿を見せるところもあります。主な食性は水生昆虫や流れに落下した昆虫などですが、大型の個体になると小型の魚類や小動物なども捕食するようになります。

昨今は渓流魚の放流が盛んで、なかには釣り堀まがいの成魚放流釣り場も見受けられるようになってきましたが、本書に登場する渓

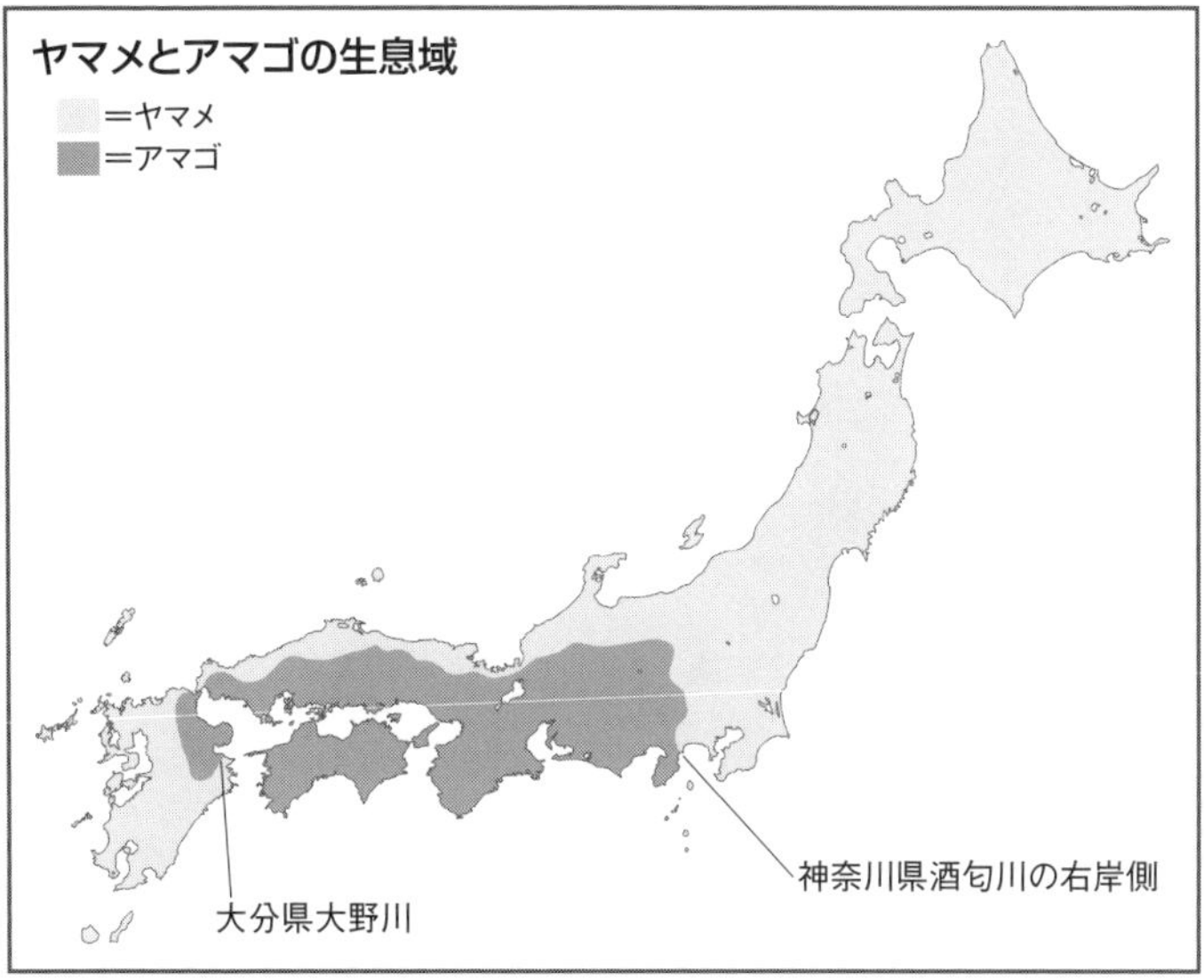

魚はあくまで自然界の繁殖で増えた天然魚もしくは稚魚放流した魚が成長したものということで理解いただきたいと思います。極めてネイティブに近い渓魚ということです。

釣り人の中にはヤマメとアマゴの釣魚としての性格についてヤマメは陰性、アマゴは陽性などという人もいます。ヤマメは流す筋を間違えるとエサに反応しないけれど、アマゴはエサを追って食ってくるなどともいますが、その真偽のほどはともかくとして、いずれも視覚でエサを捕る敏感かつ神経質な魚であることに違いはありません。そうかと思えばあるとき突然荒食いするなんてこともありますから、釣り人はこんな魚に翻弄《ほんろう》されるのです。

そんな狡猾《こうかつ》な相手と対峙するのが渓流釣りですから、釣り人も魚以上に賢く、最大限の策をもって望まなければ勝ち目はないのです。

「波」を理解しないと魚のキモチは分からない

渓魚は川のどこにでもいるわけではありません。漫然と仕掛けを流していても、なかなか食ってきません。

かつて長良川の職漁師たちはアマゴが食ってくる波のことを「食い波」と呼んでいました。ヤマメやアマゴは、上流を向いて流れの中の一点にとどまり、周囲を流れてくるエサを見つけると俊敏な動きで捕食し、また元の位置へ戻るという捕食行動をとります。このように渓魚が一点にとどまるようすを定位と呼びます。魚が定位している場所を捜し出すことが、食い波を解き明かす第一歩ということになります。

私が長良川本流でアマゴ釣りを始めたころ、「食い波とは何ぞや？」が知りたくて1シーズン通して同じ釣り場へ通い続けたことがありました。距離にして200mまでの区間ですが、雪の日も、晴れの日も雨の日も、渇水の日も増水の日も、釣れても釣れなくても、渓流釣りの解禁からアユが始まる6月まで同じ区間でサオをだし続けたのです。すると、アマゴはいつもだいたい同じポイントで食ってくることが分かってきました。もちろん時期や水位によって、多少流心寄りであったり岸寄りであったりなどの違いはありますが、ほとんどは同じところで食ってきます。仮に流れが変わっていても、同じような流れで食ってくることが分かったのです。その後、いろいろな川でサオをだしても似たような流れで食ってくることが分かってきました。そして食い波というものがおぼろげながらも見えてきたのです。

食い波を見つけるには、まず波の「揉み合わせ」を見つけることです。揉み合わせとは読んで字のごとく、流れが揉み合わさるところです。川の中は岩盤や石などが点在し、流れはそれらの障害物にぶつかりながらいくつもの筋を作り複雑に流れています。そのパターンは大きく2つに分けて見ることができます。1つは石などの障害物にぶつかり、両方へ分かれ、石裏にタルミを作ってその後流れが合わさる部分、もう1つは淵頭などで流心際にできる巻き返しで流れが合わさる部分で、ゼロ釣法の創始者である東北の伊藤稔さんが「Yパターン」「ICパターン」という呼び名を付けて広く一般に知られるようになった流れのことです。

なぜ揉み合わせに渓魚が付くのかというと、ここは流れが集まるところであり、当然水中を流れる川虫などのエサも集まりやすい。渓魚がエサの集まるところに定位するであろうことは容易に想像できますから、まずは揉み合わせを見つけることが渓魚の居場所を特定する第一歩となります。揉み合わせに定位する魚を釣るためには、そこに至る流れの上流へ仕掛けを投入すればスムーズに渓魚の付く場所へとエサを流してやることができるということになります。

しかし、食い波という言葉の意味するところはそれだけではなく、もっと多くの要素が複雑に絡み合っています。

石裏にできるYパターン、流心の際にできるICパターン

瀬の流れの一部分に注目します。流れの中には石や岩が多く存在し、川の流れに変化を与えています。そんなところでは流れは石を挟んで両側に分かれ、石裏でふたたび収束するといった流れ方をします。この流れの収束部をYパターンと呼び、渓魚が付きやすいポイントであることは先に説明したとおりですが、かといってすべてのYパターンに渓魚が付いているわけではないようです。たとえ魚影の多い川であっても、実際にサオを振ってみると渓魚の反応があるYパターンとそうでないYパターンがあることは、たいていの釣り人が経験していると思います。

長良川の職漁師たちは「アマゴが付く波は底（川底）が明るい」といいました。「アマゴの付く波は川底が明るく見える」ということですが、これはほかと比べて青白く見えるという意味です。こんなところは波が生きている証拠、波通しがよいということを意味します。表面上は同じように見えるYパターンでも、黒く泥を被ったように見えるところは流れが死んでいるといいます。そんなところには渓魚は付かず、ウグイやカワムツなど外道のポイントになります。

では、波通しのよいYパターンとはどんなところにできるのでしょうか。一般に、川底の

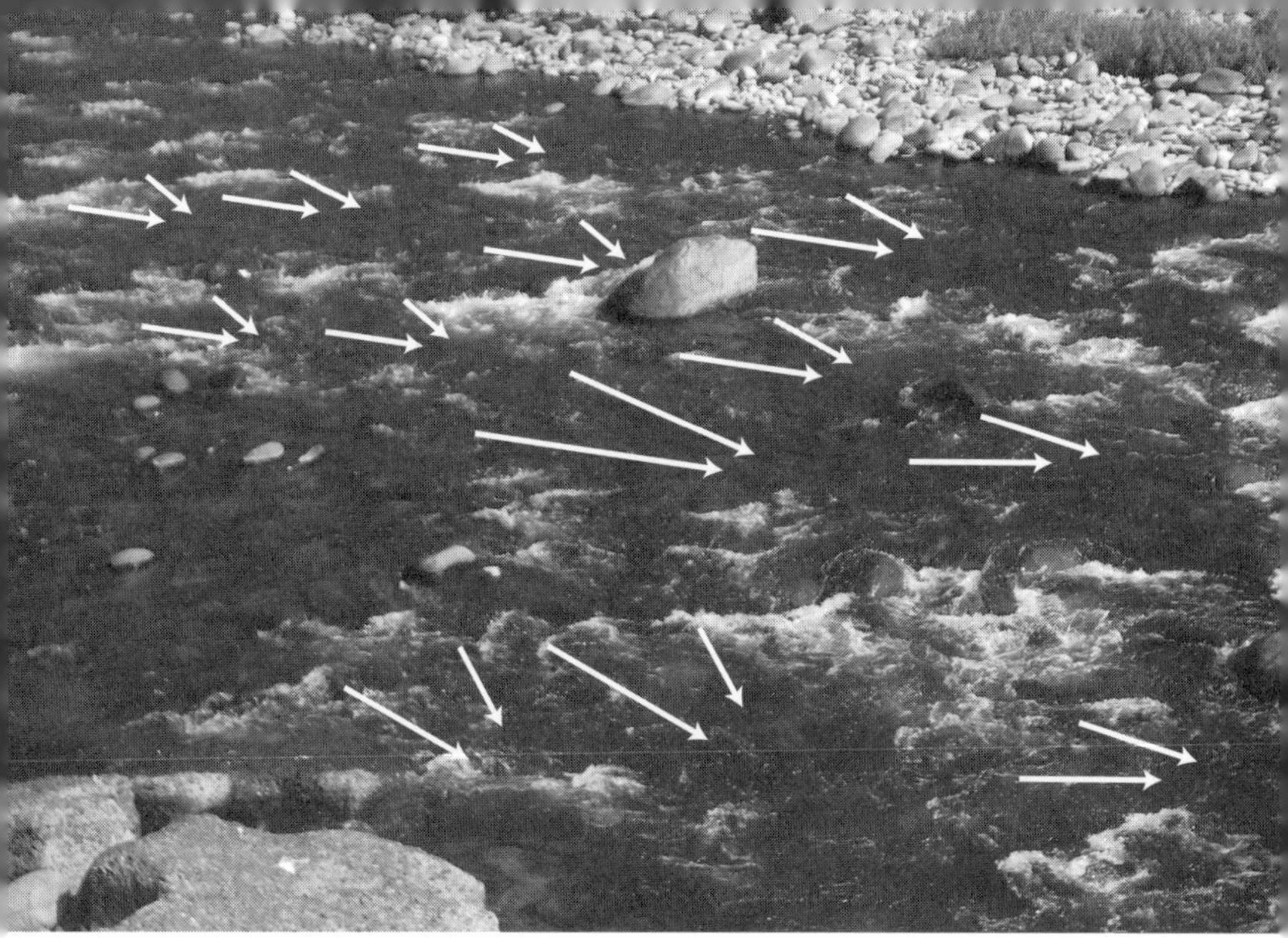

Y パターンの例
流れをざっと見渡しただけでも、多くの Y パターンが存在する

IC パターンの例
淵の流れ込みなど流心の際に IC パターンができる

Yパターンとパターン

食い波を見つける第一歩は、YパターンやICパターンといった流れの「揉み合わせ」＝流れの収束部を見つけること。渓魚はエサの集まりやすい揉み合わせに付いていることが多い

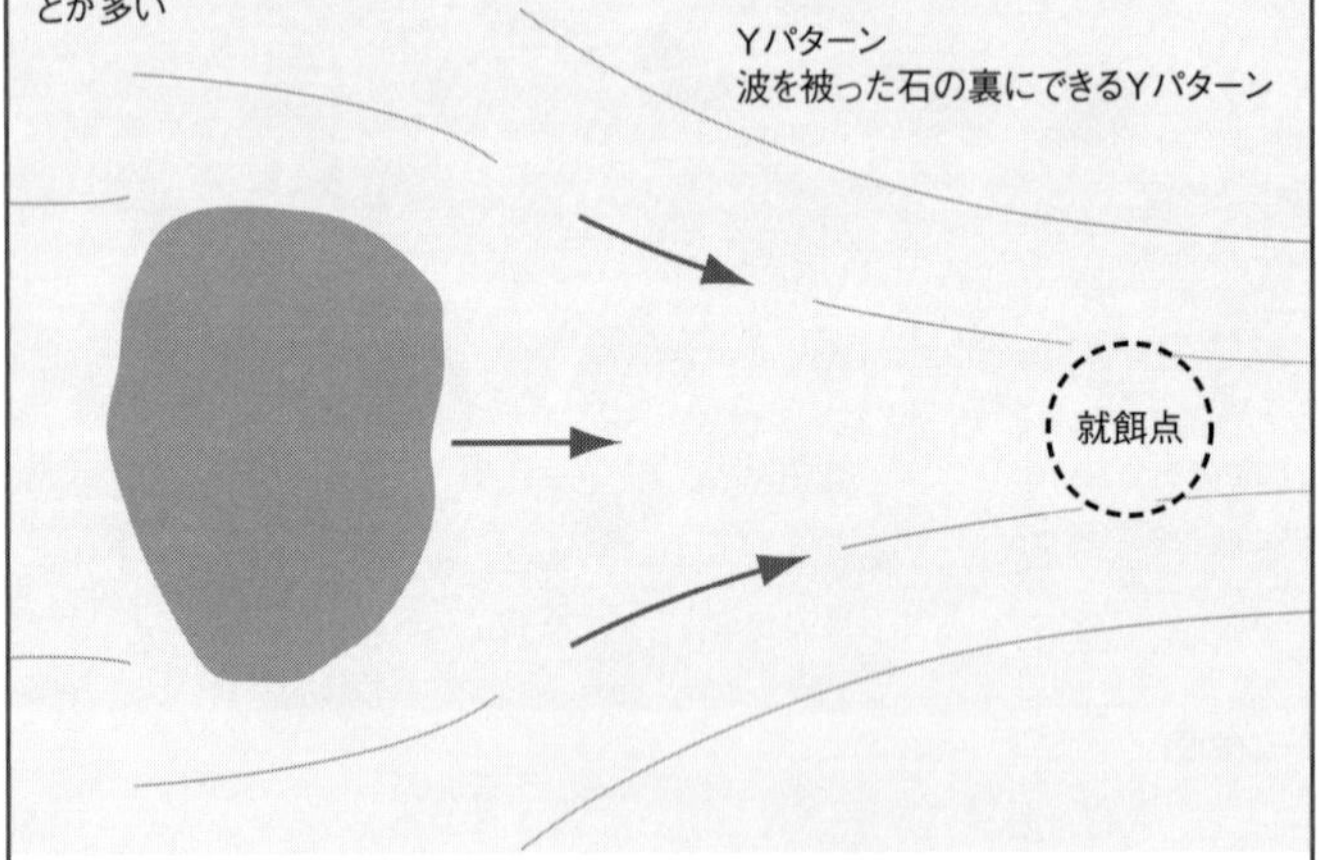

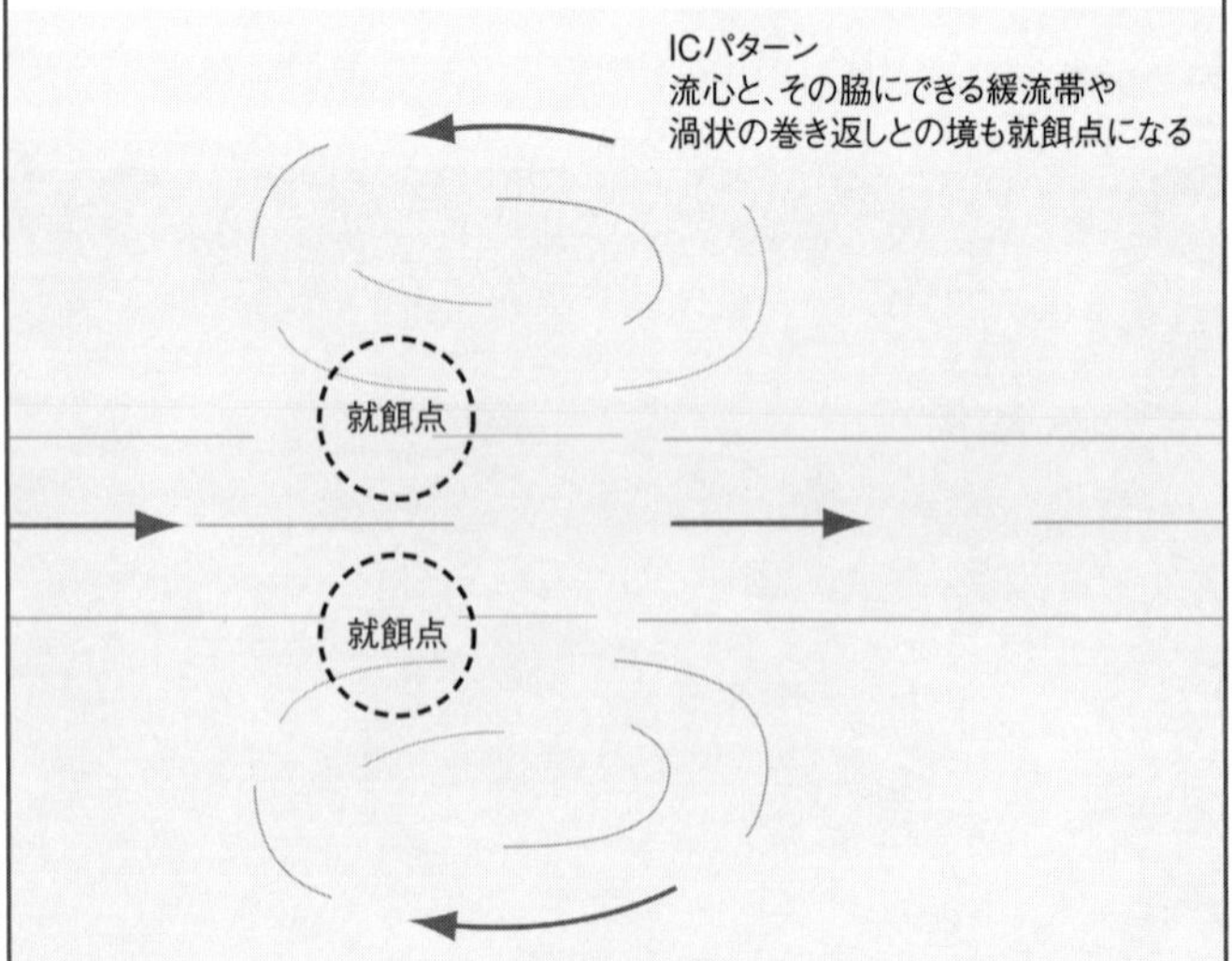

流速が遅いところにできるYパターンは泥を被るなどして底流れが死んでいる場合が多く、ある程度の流速があれば川底の流れが生きていることが多いものです。さらに流れが吹き上げるような「受け」があると流れがこの受けにぶつかるので、川底の石が泥を被るようなことはなくなり、川底が明るくなるという現象が起きます（受けについては次頁で、流速については21頁で解説）。実際には水面から頭を出した石の後ろにできるYパターンよりも、波を被った石の後ろにできるYパターンのほうが波の通りがよく、底が明るい場合が多いといえます。

深トロや淵への流れ込みなどには、流心の際で流れが反転して巻き返し、ふたたび流心の流れと合流するといった流れが生じます。流心の流れを「I」とすると巻き返しの流れが「C」ということになり、このような流れを「ICパターン」と呼びます。このIとC2つの流れが合わさる部分についてもYパターンと同じような流れの収束部ができ、渓魚の付くポイントとなり得ます。

したがって、食い波を見つけるにはまずはYパターンとICパターンを見つけ、その中でも川底が明るいところを捜すということになります。

しかし、水深のあるところでは川底の状態など把握のしようがありませんし、そこにはもっと複雑な流れが存在しています。

流れを縦に見ると男波と女波が見えてくる

川の流れを縦方向に見てみます。瀬から淵へと流れ込む水の動きを想定してみると、瀬から淵頭へと流れ込んだ水はそのまま表層を流れ出すものもあれば、川底へ向って落ち込む流れもあります。川底へ向かって落ち込んだ流れは岩盤や大石、カケアガリなどの障害物に当たって川底からふたたび表層へ向かって吹き上がります。吹き上がった流れは下流へ向かうものもあれば、巻き返して上流へ向かいまた川底へ向かうものもあるといった、実に複雑な流れが存在します。

最初の川底へ向かって落ち込む（引き込む）流れを「女波」、障害物に当たって表層へ吹き上がる流れを「男波」と呼びます。女波すなわち凹波であり、男波すなわち凸波ということになります。

このような流れで渓魚が定位しているところのまず1つめは、女波が川底へ達して流れ出す付近、淵への流れ込みでいうと、流れ込みにできる白波の下から白波が消えるあたりです。この部分は流れを縦方向に見た場合のYパターンにあたる部分であり、流れが揉み合わせになっているところです。

もう1つは男波が吹き上がる手前の水障部です。水流を受け止めるところという意味から、

男波と女波

食い波を見つける重要な要素の1つに「男波と女波」の原理がある。渓魚は落ち込みの下流＝女波の下流側にできる縦方向の「揉み合わせ」と、男波の手前の「受け」に付くことが多い。実際には女波に仕掛けを投入して底波へ入れて食わせることになる

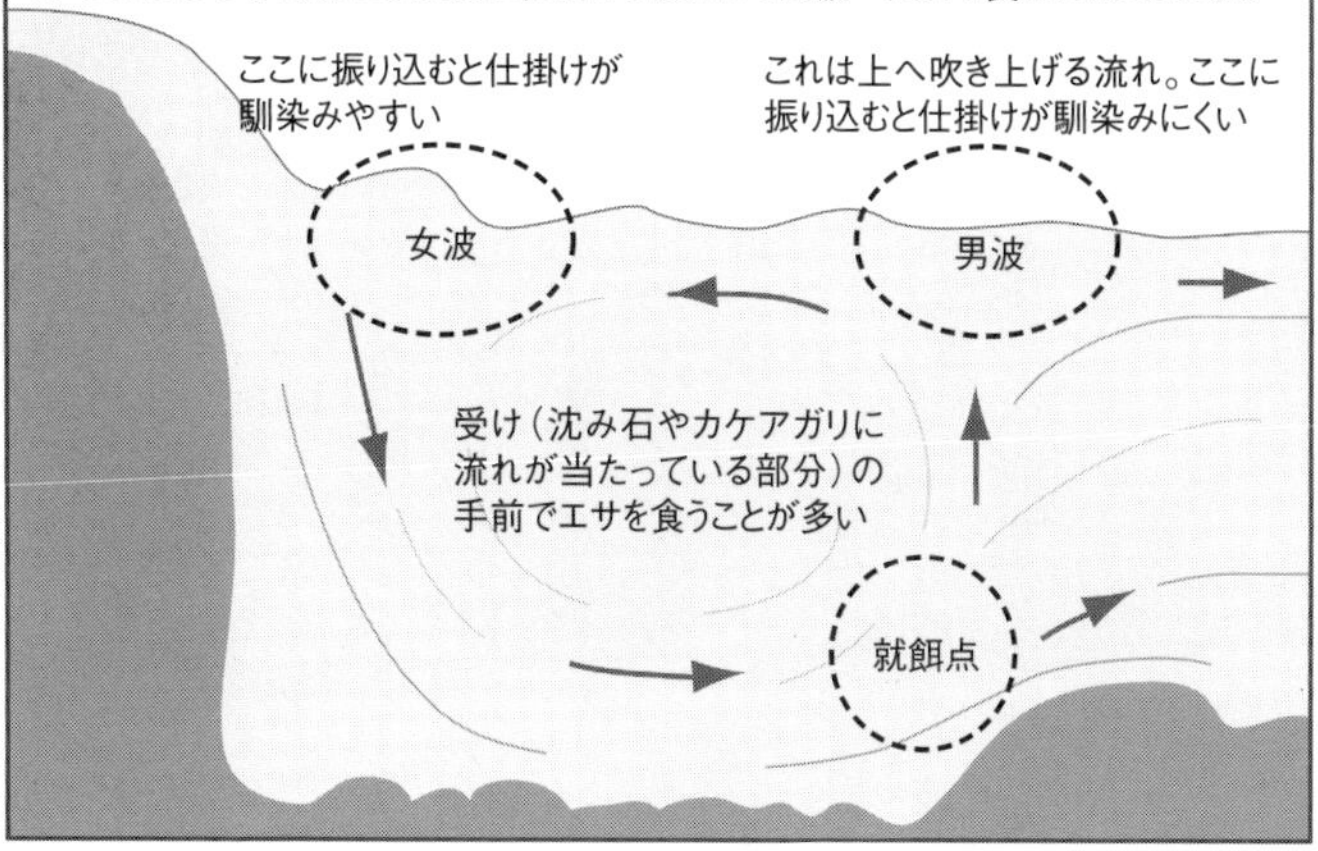
ここに振り込むと仕掛けが馴染みやすい
これは上へ吹き上げる流れ。ここに振り込むと仕掛けが馴染みにくい
女波
男波
受け（沈み石やカケアガリに流れが当たっている部分）の手前でエサを食うことが多い
就餌点

このような水障部を流れの「受け」と呼んでいます。こんなところには概して大型の渓魚が付いている確率が高く、見逃してはいけないポイントとなり、波が川底や受けなどの障害物にぶつかる手前に出現する食い波であるということができます。このような水深のあるポイントをねらう場合は、女波に仕掛けを投入して底波へ入れ、流れに乗せて受けへと流してやるという方法をとることになるので、川面の流れのようすから上手く女波を見つけることが重要になります。流れによっては見えにくい波もありますが、周辺の流れをよく観察すると、モコッと吹き上がるように見える男波があれば、その上流のどこかに女波があるはずです。瀬の流れが淵へと落ち込む付近の流心の際

を注意して見てください。きっと仕掛けがスッと入る女波が見つかります。そして川底にいくつかの大きな岩盤や石による起伏が存在し、そこに受けや揉み合わせが存在すれば、それぞれに食い波が存在することになります。大淵などの流心近くには、おそらくこのような流れがいくつか存在すると考えられます。

このような縦方向の水の動きを考えると、前頁の川底が明るいYパターンとそうでないYパターンの違いについても説明がつくような気がします。魚が付く波の条件である「川底が明るく見えること」の1つにこの受けの存在があるといえます。受けは水障部ですから常時流れを受けているため、川底は適度に洗われて明るく見えるというわけです。受ける水流の大小によって生きた波のできるところと、そうでないところができてくるとも考えられます。そしてこの受けは、魚が体を定位させやすい部分にあたります。

男波と女波の解釈については他と比べて盛り上がって流れる流心の強い波を男波、流心の際にできる表面が鏡状になっている波を女波という場合もあるので、渓流釣りの観点からは男波は「仕掛けが入れにくい波」、女波は「仕掛けが入れやすい波」という解釈をしてもよいでしょう。

こうして流れを縦横に見ることによって、渓魚の付くポイントを絞り込むことが可能になるのです。一言でいい表わせば「食い波は、揉み合わせ、男波、女波の組み合わせ」ということになります。これでようやく食い波が見えてきました。

忘れてはいけない流れの速さ

もう1つ、食い波を読む上で忘れてはいけない要素があります。

ヤマメやアマゴが生息する川の中には、ほかにもウグイやカワムツ、オイカワなどいろいろな魚種が生息しています。それらは魚種ごとに似たような流れに集まっているのを目にすることがあります。そこにはそれぞれの魚種が好んで生息する流れの速さがあるようです。伊藤稔さんは、ヤマメが定位しやすい流速を「適水勢」という言葉で表現しました。そして、どれくらいの速さの流れをヤマメが好むかという点について細かく検証された結果、ヤマメが定位する流速は毎秒30～35㎝であるという数値を導き出されています。

この数値について、アマゴの場合はどうだろうと思い実験してみたことがあります。だいぶ前のことになりますが、釣りをしながら実際にアマゴが食ってきたポイントの川底付近の流れの速さを流速計で測ってみたところ、秒速30～40㎝の範囲にありました。この数字はアマゴが食ってきた場所で測ったもので、実際にアマゴが定位していた場所とは多少ズレがあるかもしれません。立ち込むことができて、流速計が届く範囲での、しかも測りやすい流れの中での実験ですから、それ以外のところでは違った結果が出たかもしれません。しかし一部ではあっても実際に測った結果が、伊藤さんがヤマメの適水勢として導き出された数値とほぼ一緒であることが判明しました。この結果から、アマゴもヤマメと同じような流速を好むということがいえると思います。

揉み合わせとか男波、女波などとは関係なく、淵などで中層や表層の一部分で活発に渓魚がエサを追う光景が見られることがあります。そんなところの多くは流心近くの表層の流れが払い出す付近、つまりゆったりと流れ始める付近の表層近くであり、渓魚が表層を流れるエサに反応している場合が多いものです。そこがエサの集まる筋であり、渓魚の好む流れの速さであると考えられます。

一方で、魚の好む流速は魚の大きさ、魚の体力、季節の移り変わりによる魚の活性などによって異なっているような気がします。解禁当初のまだ水温が低いころはゆるやかな流れで食ってきた魚も、水温が上昇するにつれてだんだんと速い流れに出てくるようになります。魚は変温動物ですから、水温の上昇が魚の活性を高めているのでしょう。

夏場になって水温が上昇すると、逆に活性が落ちて水深の深いところや酸素の供給が多い落ち込みの泡の下、低水温の湧き水があるところや支流の合流付近といったところに定位するようになります。魚にとっても生きることが優先する場合の選択といえます。

常に一定ではないにしろ、渓魚が定位する場所は渓魚が好む流速の場所であることも条件の1つになるということは間違いないようです。

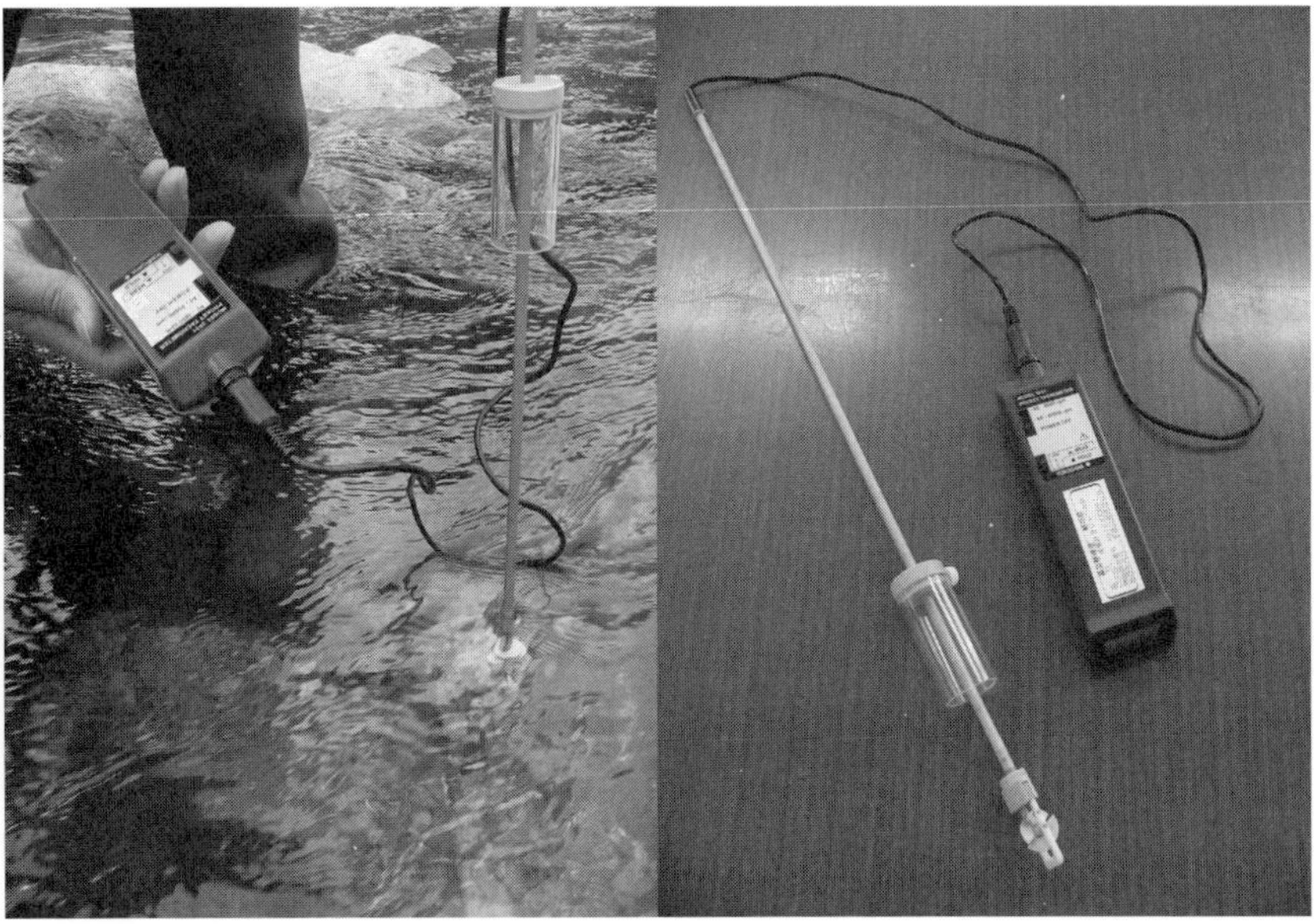

流速計で渓魚が食ってきた流れを測ってみる

「食い波」はいつも同じところにあるとは限らない

食い波はいつも動いているということも頭に叩き込んでおく必要があります。水量の少ない川ではあまり感じませんが、本流などの大きな流れでは同じところへ仕掛けを投入し、何度か流してもアタリが出ず、それでもしつこく流すと食ってくることがあります。川が大きく水量が豊富になるほど流速の変化は大きくなり、流れの筋も常に上下左右へ動いています。

Yパターンの流れを見てみます。流れの動きでYパターンのできる位置は左右に、揉み合わせの位置も前後に動きます。当然、そこに定位するであろう魚も前後、左右へと動いていることになります。その魚の鼻先へエサを流してやるためには、仕掛けを投入する位置も常に変わってくるという理屈になります。ICパターンについても同じです。流心と反転流の間にできる揉み合わせが前後左右へ動いているわけですから、女波のできる位置も変わってくる。この動く女波を読み取って仕掛けを投入しなければなりません。当然、縦方向の流れについても流れの強弱によって魚の定位する位置が前後、上下へとめまぐるしく変わることになりますから、これにも対応しなければなりません。

食い波は不定常変です。流れの変化を瞬時に読み取り、仕掛けの投入点を見極めることも効率よく釣るための大切な技術です。本流での釣りの難しさの原因が実はここにあるのです。

不定常変の「食い波」

川の流れは常に前後左右、上下にも動いており、Yパターン、ICパターンの流れの筋や、男波と女波のできる位置もその影響を受けて変化し続ける。

流れの変化によって魚の付く位置がA、Bのように変化すれば、仕掛けを投入する位置も、Aに位置する魚を釣るにはa、Bに付く魚を釣るにはbへと変えなければならない。

不定常変の流れの中で魚の付き場所を見分けることが、効率よく渓魚を釣るために大切なことである

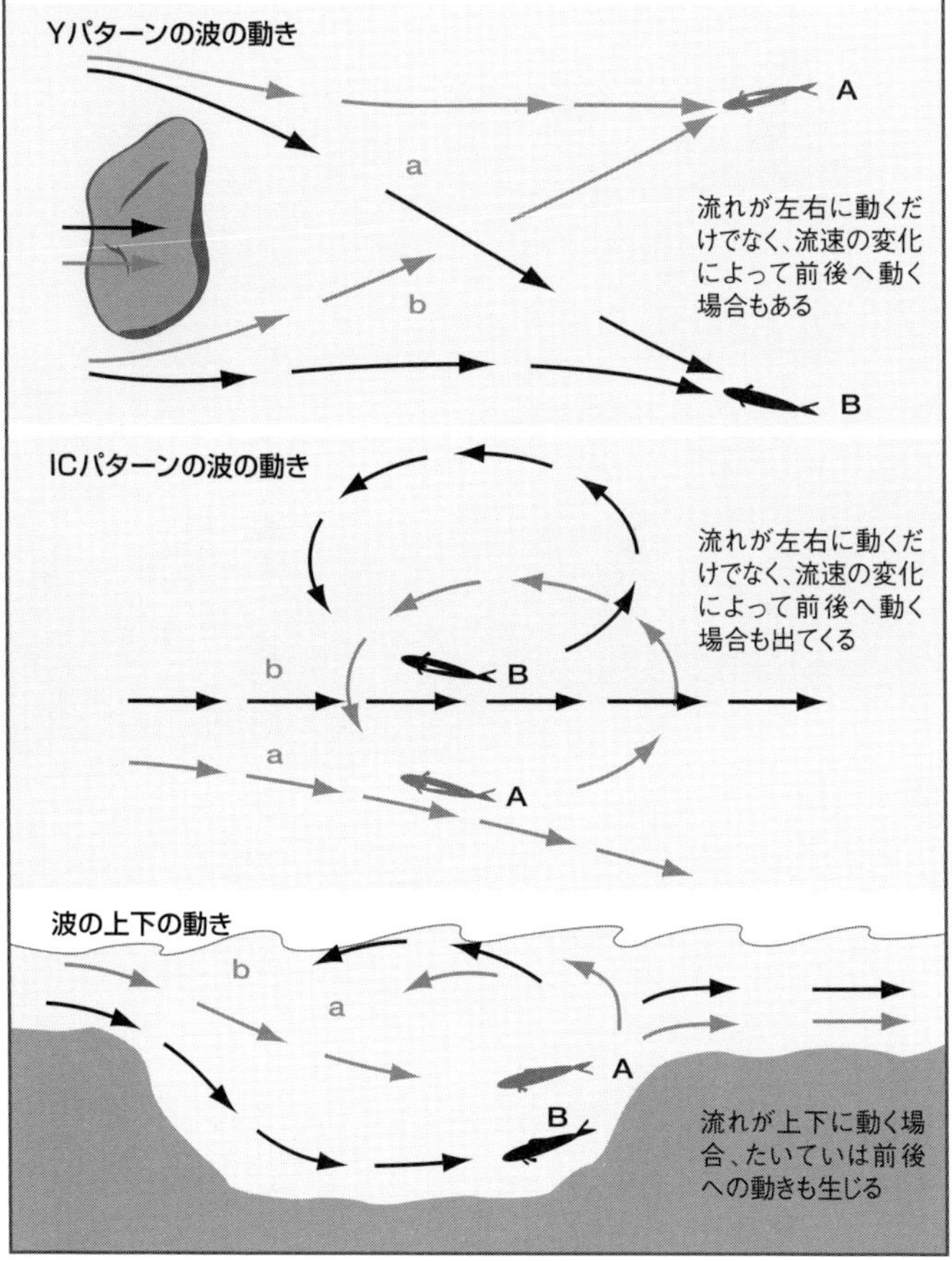

Yパターンの波の動き
A
a
b
流れが左右に動くだけでなく、流速の変化によって前後へ動く場合もある
B
ICパターンの波の動き
流れが左右に動くだけでなく、流速の変化によって前後へ動く場合も出てくる
b
B
a
A
波の上下の動き
b
a
A
B
流れが上下に動く場合、たいていは前後への動きも生じる

弐ノ扉

渓魚を振り向かせろ！
エサを徹底検証

エサの種類とTPO

渓流釣りに限らず釣りのエサとして最適なのは、普段魚が食べているものということになりますから、渓流釣りのエサは川虫が最良といえます。

川虫と一口にいってもいろいろな種類があり、渓魚が好んで食べる川虫とそうでないものとがあります。渓流釣りによく使われるのは、ヒラタと呼ばれるヒラタカゲロウの仲間の幼虫、キンパクと呼ばれるカワゲラの仲間の幼虫、同じくカワゲラの仲間でオニムシとかオニチョロと呼ばれるもの。さらにガイムシとかクロカワと呼ばれるトビケラの幼虫などです。このほかにもピンチョロと呼ばれるフタオカゲロウの仲間の幼虫も使われています。実際には地方あるいは川によっていない虫もあり、魚の出方も違います。

ヒラタ1つとってもいくつかの種類があります。たとえば長良川でオコシムシと呼ばれる春先に採れるヒラタは体が柔らかく、ナデムシと呼ばれるヒラタは硬めでハリを刺してもオコシムシより長持ちします。さらにはドロムシとかベタムシと呼ばれる柔らかすぎて一～二度流すとハリから取れてしまう虫までいろいろです。

川虫のほかに渓流釣りのエサとして使われているものに、シマミミズやイクラなどがあります。また大ものねらいには小魚などが使われることもありますが、このあたりは渓流釣り

キンパク

オニムシ（オニチョロ）

ガイムシ（クロカワ）

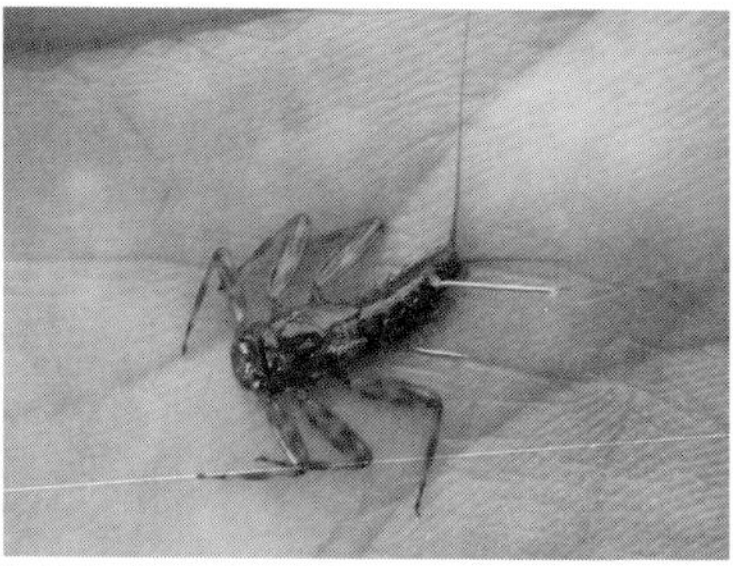

ヒラタ（オコシムシ）

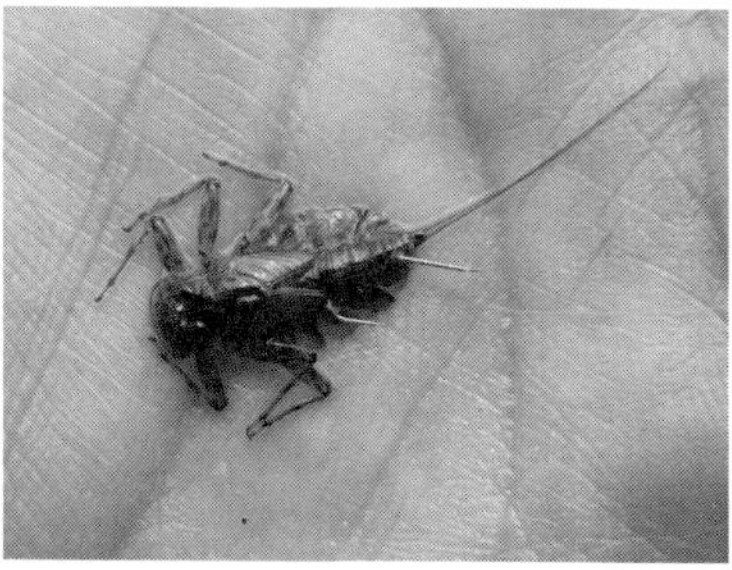

ヒラタ（ナデムシ）

とは一線を画すので除外します。イクラと同様の使われ方をしていたものにカブダマと呼ばれるカジカの卵塊がありますが、現在はカジカの卵を採るのは禁止されていますし、魚卵で魚を釣るのはいかがなものかと思いますのでこれもパスです。よってエサの主流は川虫です。川虫の中でも経験上、一番魚の出がよいのはヒラタ、次にキンパクです。オニムシは大きなものから小さなものまでさまざまな種類があり、渓流釣りにはできるだけ小型のものを使いますが、体が硬いせいかほかの川虫より若干食いが落ちるような気もします。どちらかというと支流での釣りやイワナ釣りに適したエサです。クロカワは、川によって抜群の効果を発揮することもあれば、まったく魚に見向きされない川もあります。一般には盛期の大ものねらいに使います。

安定した釣果を上げるためには、その時期、その川で一番渓魚が反応する川虫は何かを見つけることが大切です。そのためには、季節によってどのような川虫がどんなところで採れるか（生息するか）をつかむことが重要です。

シマミミズは大ものねらいのエサとしてよく使いますが、川虫が採れないときの非常用のエサとしていつも持参するようにします。できるだけふっくらと太った赤くて色つやのよいミミズを選びます。釣具店で市販されているパックミミズの中にもよいものがありますが、入手が可能であれば牧場や牛舎の堆肥にいるミミズが最高です。

川虫はいつもいるとは限らない

川虫はどの種類も年中川にいるわけではありません。季節の移り変わりとともに川虫の種類も変わっていきます。

長良川を例に見ると、春先の解禁当初（2月初旬）に多く採れるキンパクは4月になると羽化してしまい川から姿を消します。ヒラタのうちオコシムシは解禁から4月はじめまでで、4月も半ばになると羽化してしまいます。オコシムシがいなくなるのと前後してナデムシの小さいのが採れるようになり、6月までナデムシがエサの主流となってきます。ナデムシも夏場になると本流ではほとんど採れなくなり、水温の低い支流のみとなります。

一方でオニムシは季節によって種類は変わってくると思いますが、シーズンを通して採れます。クロカワもだいたいいつでも採れます。

おおよそ以上のような感じですが、川によってはいない虫もありますし、若干時期がずれるところもあると思います。従って、釣りに行く川にいる川虫の状態を把握しなければ、川虫の居場所も特定できず、手早く採取することができないということになります。また、川底がひっくり返されるような大きな増水の後には、川虫が流されてしまってまったく採れないようなこともあります。そんなときは、ほかの川で採っていくなどの方策を考えなければ

季節によるカワムシの移り変わり

川虫＼時期	2月	3月	4月	5月	6月
ヒラタ（オコシムシ）	→	→	→		
ヒラタ（ナデムシ）		→	→	→	→
キンパク	→	→			
オニチョロ（オニムシ）	→	→	→	→	→
ガイムシ（クロカワ）	→	→	→	→	→

いけません。もっとも、増水によって川底が洗われ、エサの絶対量が少ないようなときは、魚はたいていのエサに反応を示すものです。そういう意味でもミミズはいつも持参するようにします。

　ミミズを採取する場合においても川虫と同じことがいえます。春先は堆肥などにいくらでもいたはずのミミズが、夏場になって気温が高くなるとまったく見られなくなるといったこともあります。

　いずれにしても、釣りに行こうとする川にその時期一番多くいる川虫が最良のエサとなるので、よく釣行する川の川虫の移り変わりは知っておくとよいでしょう。

虫採り名人は釣り上手

川虫を手早く採るには、まず川虫のいるところを見つけなければなりません。オコシムシはあまり速くない流れの瀬の中の石裏に付いています。持ち上げられる大きさの石を起こして採りますが、一度にたくさん採るには下流にタモ網などを置いて上流の石を足で起こしたり、かき混ぜれば流れ出た虫がタモに入ります。クロカワは石の間に砂利を集めてクモの巣状に固めた巣を作って潜んでいます。これも石を起こして採ってもいいですが、オコシムシと同様に網を置いて足で川底をかき混ぜると簡単に採れます。写真のような川虫採り用の金網を張った網があれば、1日使うくらいの虫はすぐに採れます。川虫をつかむときは、傷つけないように尻尾や足をやさしくピンセットでつまんでエサ入れに入れていきます。

キンパクもオコシムシやクロカワと同じようなところにいますが、もう少し石の小さい小砂利底のほうが採りやすいです。面白いもので、キンパクを採るためにかき混ぜた砂利底には数日するとまたキンパクが入ってきます。川底が固いところよりも柔らかいところに多く付くので、新しい川底をひっくり返すより効率がよくなります。1ヵ所そんな川底のところを見つけておけば、釣行のたびに簡単にキンパクを採ることができます。

ナデムシは荒瀬や早瀬など強い流れの中の石に付いています。手で持ち上げられる大きさ

ナデムシの採り方（ヘチマを使用）

キンパク、オコシムシの採り方（網を使用）

川虫採取用のヘチマ（縦に切って開いた状態）

ナデムシ採り用ヘチマの開き方

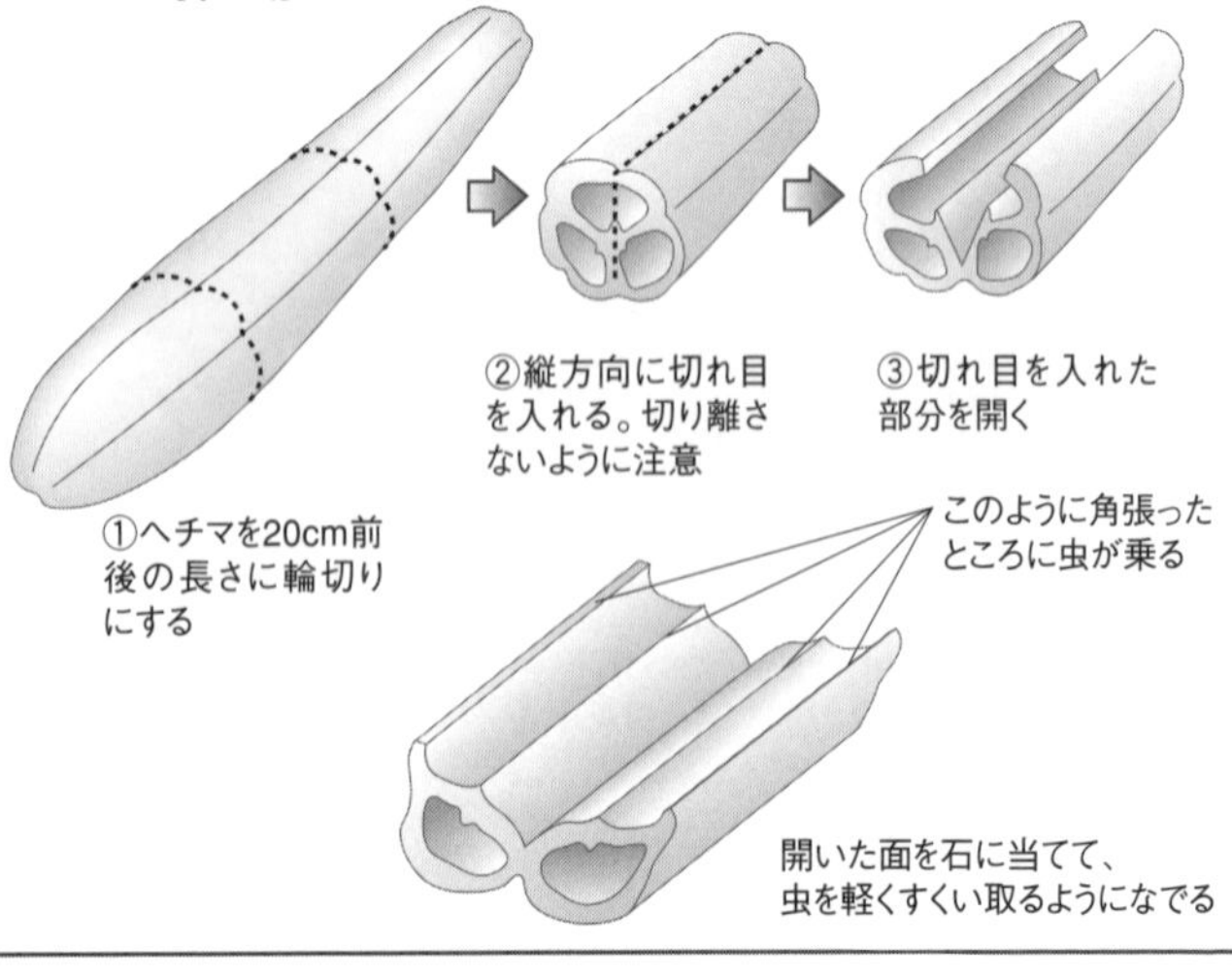

①ヘチマを20cm前後の長さに輪切りにする
②縦方向に切れ目を入れる。切り離さないように注意
③切れ目を入れた部分を開く
このように角張ったところに虫が乗る
開いた面を石に当てて、虫を軽くすくい取るようになでる

の石であればひっくり返すと付いているので、1匹ずつピンセットで摘みます。このときも尻尾か足をやさしく摘みます。持ち上げられない大石に付いたナデムシはヘチマでなでて採ります。ヘチマでなでて採るからナデムシと呼ばれるようになったのです。ヘチマは20㎝ほどの長さに輪切りにします。輪切りにしたものを今度は縦に切れ目を入れて開いて使います。波に洗われる石にそっと近づくと波際に集まるヒラタが見えるので、波の際を包み込むように上流側から下流側へとヘチマでなでて寄せ、すくいあげるのがコツ。こうするとヘチマの切り口の角の部分にナデムシが乗ります。ヘチマの代わりにスポンジやタオルを使う場合もありますが、水切りがよくないと虫が流れてしまいうまく乗りません。

タモや網が差し込める程度の強さの流れならば、石裏に網を置いて洗車ブラシで石をなでてやると流れたナデムシが網に入りますが、急流に立ち込んでの作業はかえって効率が悪いこともあります。また、ナデムシを採るために、急流に平たい持ち上げられる程度の石を隙間を空けて組んでおき、自分だけの「採り場」を作っておくのも得策です。次回釣行の際には石を起こしてナデムシを採り、また組み直しておきます。

職漁師は虫がつぶれたり、足が取れるのを嫌って川虫採りの際は虫を摘むのではなく、石に付いた虫やヘチマに乗った虫を口で吸いとってエサ入れに吐き出すといった採り方をしていました。それほどまでに川虫を大切に扱っていたということです。川虫採りは素早く丁寧に、ということになります。

川虫は鮮度が命＝新鮮なエサは魚も喜ぶ

採った川虫はできるだけ元気な状態で保存する必要があります。採ってすぐに使うのであれば、そのままエサ入れに水苔（ホームセンターの盆栽コーナー等で入手できます）や木屑の湿らせたものを敷き、虫を入れておけばよいのです。翌日まで、あるいは数日間保存したいのであれば、川虫の種類によって保存方法を考えなければなりません。

ヒラタの保存は少し湿した砂に入れて冷蔵庫で保存しますが、持っても丸2日間程度です。砂の湿し具合は、砂をぐっと握って固まるか固まらないかという程度。水分が多すぎると虫が死んでしまうので、濡らしすぎるよりは乾いていたほうがよいと考えます。冷蔵庫の温度はあまり冷えすぎないように8～10℃くらいがよいでしょう。

川（釣り場）に着いて保存していたヒラタをエサ入れに移して使うときは、砂を払って使います。砂ごとタモに入れてふるいますが、振りすぎて虫の足を取ってしまわないように注意します。エサ入れの底には水苔を湿したものを敷いて押し固めた上に、パラッとヒラタを置きます。水苔の代わりに湿したスポンジでも代用できます。いずれも湿し方は必要最小限に。ヒラタは濡れてしまうとすぐに悪くなります。保存用の砂に入れたまま持ち歩くのは厳禁、砂で虫がヨレて足が取れてしまいます。

キンパクやオニムシは水に漬けた水苔をよくしぼってほぐしたものに入れて保存します。冷蔵庫に入れておけば4~5日間は大丈夫でしょう。長く保存するには河川水を引き込んだ用水か池に、木枠に金網を張った箱を浮かべて飼うようにします。虫の隠れ場となる落ち葉などといっしょにキンパクを入れておけば長期間生きています。キンパクやオニムシは共食

川虫ストッカー

キンパクを飼うための箱（いけす）。中に落ち葉を入れると虫の隠れ家になる

水苔（ピートモスなどの名称で市販されている）

いをするので、隠れ場は絶対に必要です。エサ入れに入れるときはほぐした水苔と一緒に入れます。

クロカワは基本的に必要なだけ採りながら使いますが、キンパクと同じように水苔に入れて保存すれば、少し水分が抜けた感じにはなりますが、夕方採って翌日使うくらいは何とか持ちます。

川虫を釣り場に持っていくときは温度管理が大切ですから、氷を入れたアイスボックスは必需品です。エサを入れた容器を直接氷にくっつけると温度が下がりすぎるので、氷はビニール袋に入れて新聞紙などでくるんでからアイスボックスに入れます。気温が高くなる季節は、釣り場に着いて虫をエサ入れに移してからも温度管理が大切です。クールベイトのような保冷力のあるエサ入れを使うとよいでしょう。もちろん、保冷剤は多めにアイスボックスに入れておき、逐次交換するくらいに気を使います。

また、その日に使う虫でも傷みの早いクロカワなどは、採った時点で川虫ストッカーや網袋に入れ、引き舟に入れて持ち歩くようにするとさらによいでしょう。必要なだけ出してエサ入れに移して使います。ただし、前日に採った虫はふたたび水に戻すとダメになることがあるので、川虫ストッカーに入れるのは、その日に採った虫だけにします。特にヒラタは水に濡らすと黒く溶けたようになってしまいます。

渓魚はグルメです。エサの川虫は鮮度が命ですから、大切に扱います。

川虫を活かすも殺すもハリの刺し方次第

エサ入れの中には活きのいい川虫がいるのに、ハリの刺し方が悪いために虫を殺してしまったり、足が取れてしまったりという釣り人をよく目にします。

ヒラタやキンパクなどの虫の急所は胸、頭の後ろの足が生えているところです。もちろん頭もだめですから、これらの部分を避けてハリを通します。そう、残った場所は胴の部分、尻尾です。ヒラタはともかく、キンパクやオニムシなどは動きで魚にアピールするエサですから、特に注意します。尻尾の先からハリを刺し、胴の横へハリ先を出すようにします。よくハリを隠したいがために虫の体全体を通し刺しにする釣り人がいますが、ハリを隠す必要はまったくありません！　尻尾にチョン掛けで充分です。この状態ならキンパクやオニムシはいつまでも元気に足を動かします。川虫が小さいからと2匹、3匹と刺す釣り人も見受けますが、基本的に小さな虫でも1匹で大丈夫です。渓魚の目は釣り人の想像よりずっとよいらしく、小さな虫でもしっかり見てくれます。虫は見てもハリはあまり気にしないようです。それよりも虫の大きさに合わせてハリを小さくしたほうがよいと思います。

クロカワの場合は背中、頭の下の2節目から3節目をハリ先ですうくようにチョン掛けにします。虫の体液が出てしまわないように注意します。

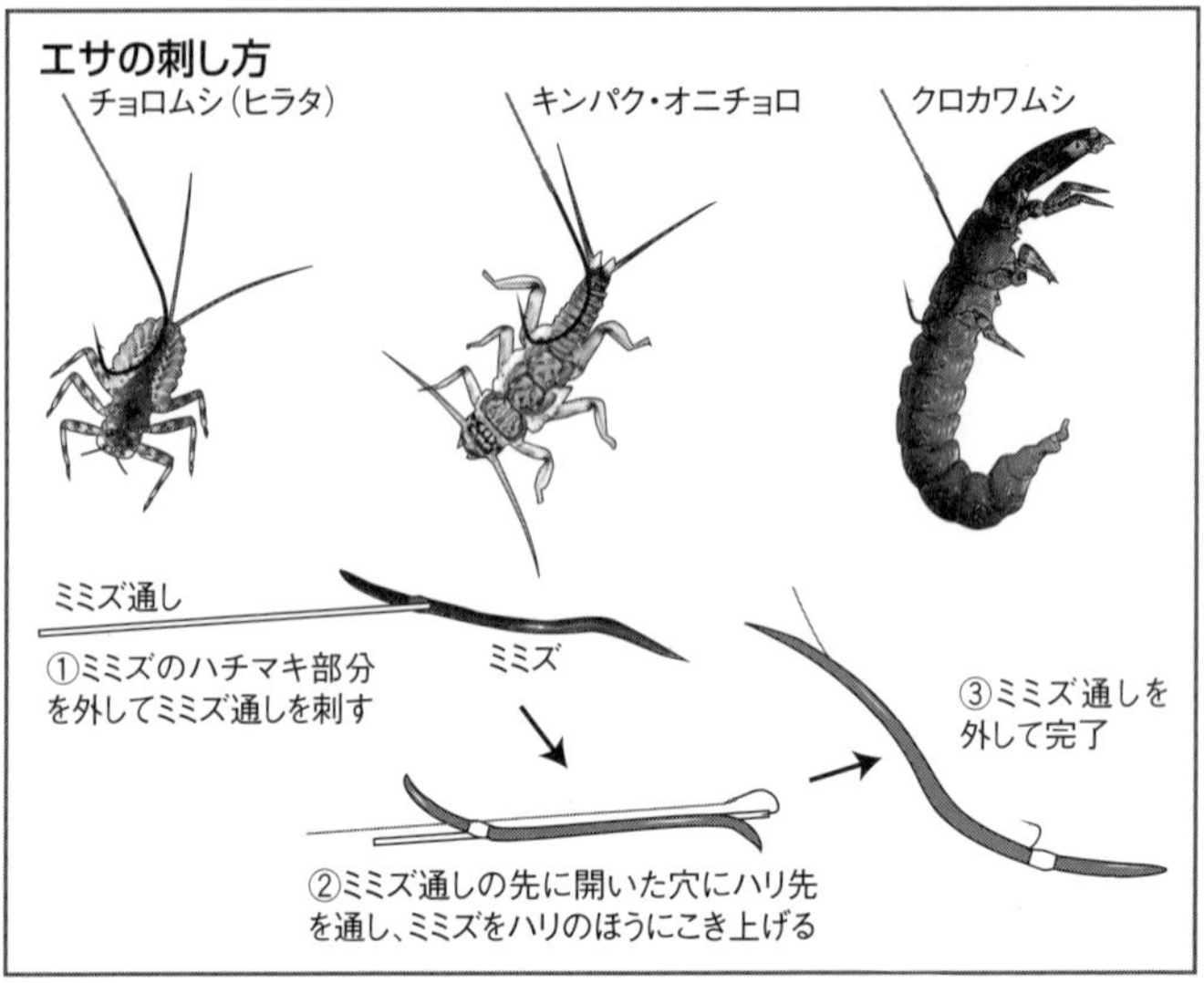
エサの刺し方
チョロムシ（ヒラタ）
キンパク・オニチョロ
クロカワムシ
ミミズ通し
ミミズ
①ミミズのハチマキ部分を外してミミズ通しを刺す
②ミミズ通しの先に開いた穴にハリ先を通し、ミミズをハリのほうにこき上げる
③ミミズ通しを外して完了

ミミズは、ミミズ通しを使って全体の3分の2程度を通し刺しにするのがベターです。体全体を通してしまうと水中での動きが悪くなるので、ハチマキのところを避け、全体の3分の2程度で止めます。チョン掛けでもよいですが、川虫の場合と違って食い逃げされる確率が高いので通し刺しのほうがよいでしょう。大ものねらいで小振りなミミズを使うときは、1匹を通し刺し、もう1匹をチョン掛けにして視認性を高めることもしますが、ミミズは大きなエサの部類に入るので、基本的には1匹刺しで充分です。刺し方が悪いとミミズが途中で切れてしまうことがあるので、注意します。

釣っている最中もエサの状態には注意を払うようにします。足が取れたり、どう見ても虫と見えないように形が崩れたものは即付け替えます。魚の食い込みに悪影響を与えるうえ、変なエサでは魚も振り向いてくれません。

参ノ扉

それでいいのか？
タックル大検証

川での装備は必要最小限

広い本流を移動しながらサオを振る釣りにとって、必要以上の重装備はしないほうがよいです。釣り場で出会う釣り人の中には、荷物が一杯のリュックを背負ってサオを担ぎ、腰には大きな保冷ビクを付け、腰からタオルをぶら下げてアユ用のタモ網を刺して……とテントを背負って源流へ釣行するような出で立ちで川へ入っている人を目にすることがあります。最近はよほどのことがない限り、川岸近くまで車がつけられ、たいていの場合は何かあっても携帯電話が使えます。必要最小限の装備で望みましょう。

動きやすい服に渓流ベスト、ウエーダーはアユに使うようなスリム型が安全でしょう。本流域では立ち込んで釣ることが多いのでタモは必需品です。ビクはやめて引き舟にするとよいです。魚をビクに入れたままで持ち歩くのは鮮度が低下します。引き舟で活かしておき、川から上がるときに絞めてアイスボックスに入れるとよいでしょう。特に釣果が多かったときなどは、お土産に必要なぶんだけ持ち帰り、あとはリリースすれば、次回の釣行時の楽しみが増えます。エサ入れはいろいろなものがありますが、立ち込むことを考えると腰に付けるタイプより首からぶら下げるタイプのほうがよいでしょう。エサの川虫の鮮度を保つためにはクールベイトなどの保冷式のものがよいと思います。

ベストの中身だけは充実させましょう。仕掛け巻き、予備仕掛け、オモリ、ハリ等の小物は忘れないように釣行前に必ずチェックします。予備の仕掛け入れなどは、仕掛けを濡らさないために防水性の高いものを使うとよいと思います。ナイロンやフロロカーボンのイトは極力濡らさないようにします。そのほかベストに付けておくとよいものに、収納式のハサミやミミズ通し、ガン玉外し、ハリ外し、速攻8の字結び、オマツリほどきなどがあります。ピンオンリールを使って確実に使いやすい位置に取り付けておきます。

ベストとその中身。（右上から時計回りに）ハリケース、天井イト～水中イトまで収納できる仕掛け巻き、仕掛けケース（天井イト用）、オモリケース、仕掛けケース（号数別・水中イト用）。（ベスト中央上から）ガン玉外し（フォーセップ）、8の字結び器、オマツリほどき、ミミズ通し、ハサミ、ハリ外し

渓流釣りは動きやすい装備が肝心

サオ選びは渓流釣りの第一歩

サオを選ぶとき、気をつけなければならないポイントはいくつかあります。まず目的とするフィールドに適した長さのサオを選びましょう。最近はサオの素材もよくなり、軽くて長いサオが出ています。しかし、昔から「下手の長ザオ」という言葉があるように、長すぎるサオを振り回しているために細かいサオの操作ができていなかったり、手前のポイントをうまく探れていないという例をよく目にします。

一方で、本流域の広いフィールドを釣りこなすためにはある程度の長さも必要です。一般的に本流を釣るためのサオの長さは7mあたりを基準にします。支流を釣るときや小さなポイントを探りたいときは6mも使用します。サクラマスやサツキマスなど、大もの専門にねらうなら8m以上のハイパワー・ロッドを使うこともありますが、普段の釣りではどうしても釣りが大雑把になりがちですから長さはほどほどにします。

サオの調子は以下の3点についてチェックします。1つめは振り込み性能。ねらったポイントへ的確な振り込みができるサオであるかどうかです。仕掛けを飛ばしやすいかどうか、振り込んだときの穂先のブレの止まりはどうかに注意します。本流ザオには胴に乗る調子のサオが多く、仕掛けは振り込みやすくなっていますが、胴調子のサオほど振り込んだときの

サオ（左から）、琥珀本流ハイパードリフト・アマゴ抜70ＳＲ、琥珀本流ハイパードリフト・サツキ80ＳＲ、琥珀抜TT61MR、コンテンダーゼロ01―75MV、エキスパートゼロⅡＳ015―65ＭG

穂先のブレが止まりにくいことが多いものです。

２つめはドリフト性能。仕掛けをブレさせないで流すことができるサオであるかどうか、バランスに注意して操作性の良し悪しをチェックします。軽いに越したことはありませんが、表示重量と実際の持ち重り感は違ってくるので注意します。

３つめは取り込み性能＝取り込みに必要なパワーがあるかどうか。小型魚に四苦八苦するようでは話になりませんが、20㎝の魚を釣るのに40㎝オーバーが取れるようなサオは、オーバーパワーです。一般にパワーがあるサオ＝硬いサオというイメージがありますが、それは違います。実際には魚の大きさによってしっかりと胴に乗ってタメが効くサオということになります。一方でパワーがあるということは操作性を損なう可能性が高いということもいえます。

そしてこれら3つの性能を引き出すためには感度が求められます。ここでいう感度とは、水中イトを通して穂先に伝達された情報がいかに的確に釣り人に伝わるかどうか、あるいは掛けた魚の大きさをサオを通して読み取ることができるかどうかということです。アユ釣りに求められるほどの高感度は必要ありませんが、テクニックを繰り出すためにはそれぞれに求められる最低限の感度は必要です。

私は長良川本流がフィールドなので、メインに使用するサオは長継ぎの本流竿「琥珀本流ハイパードリフト・アマゴ抜70SR」です。胴に入る調子でありながら、仕掛けを振り込んだ後の穂先のブレがスッとおさまってスムーズにドリフトに移ることができます。掛けた魚は23㎝まではその場で浮かしてタモへ飛ばすパワーがあるので、「電光石火の抜き」を実現してくれるサオです。また、支流を釣る場合や小さなポイントを探りたいときは小継ザオの「琥珀抜TT61MR」です。スレッカラシの魚を相手にするときはゼロ釣法も行なうので「コンテンダーゼロ01—75MV」や「エキスパートゼロⅡS015—65MG」を使います。

サオは武士の刀と同じです。釣行後の手入れは怠らないようにしましょう。ブランクを抜き出して外側を拭くのはもちろん、ときには内側にもティッシュを通して拭きます。砂を噛《か》んだままサオを伸ばすと傷が付く原因になりますから、サオを水につけたときや川原に置いたときなどは特に注意します。

仕掛け作りをもう一度見直そう

渓流釣りの仕掛けといえば、少し前まではミチイトにハリスをつなぎ、ハリスの部分にオモリを付けるのが一般的でした。ハリスが傷んだりハリ先が悪くなった場合は、ハリスから下だけを交換すればすむので便利といえば便利です。しかし、ナイロンやフロロカーボン製のイトは長ければ長いほどイト自体の伸びがクッションとなり、引っ張り強度が増します。従って仕掛けを作るうえで考えなければならないことは、できるだけイトの結び目をなくし、連続して長いパーツにすべきだということです。最近は渓流釣りでもアユ釣りと同じようにハリスをなくした水中イト仕掛けが主流です。天井イトに水中イトを接続し、水中イトの先にハリを直接結ぶ方式です。同じ太さのイトならハリス仕掛けよりイトの強度が出ます。

仕掛け全体の長さはサオの調子にもよりますが、本流ザオの場合サオ尻より20～30cm長くします。大ものねらいでは、釣り人が優位にやりとりできるように40～50cm長くすることもあります。ゼロロッドのような極軟調子の場合は手尻より30cm前後短くします。天井イトと水中イトの長さを決めるにあたっては、基本的には水中イトの長さを基準に考えます。釣る川の最大水深よりやや長め分を水中イトの長さにしますが、通常は3m、水深のあるポイントが多い川を釣る場合でも4・5mもあれば充分でしょう。水中イトの長さを一定にして、

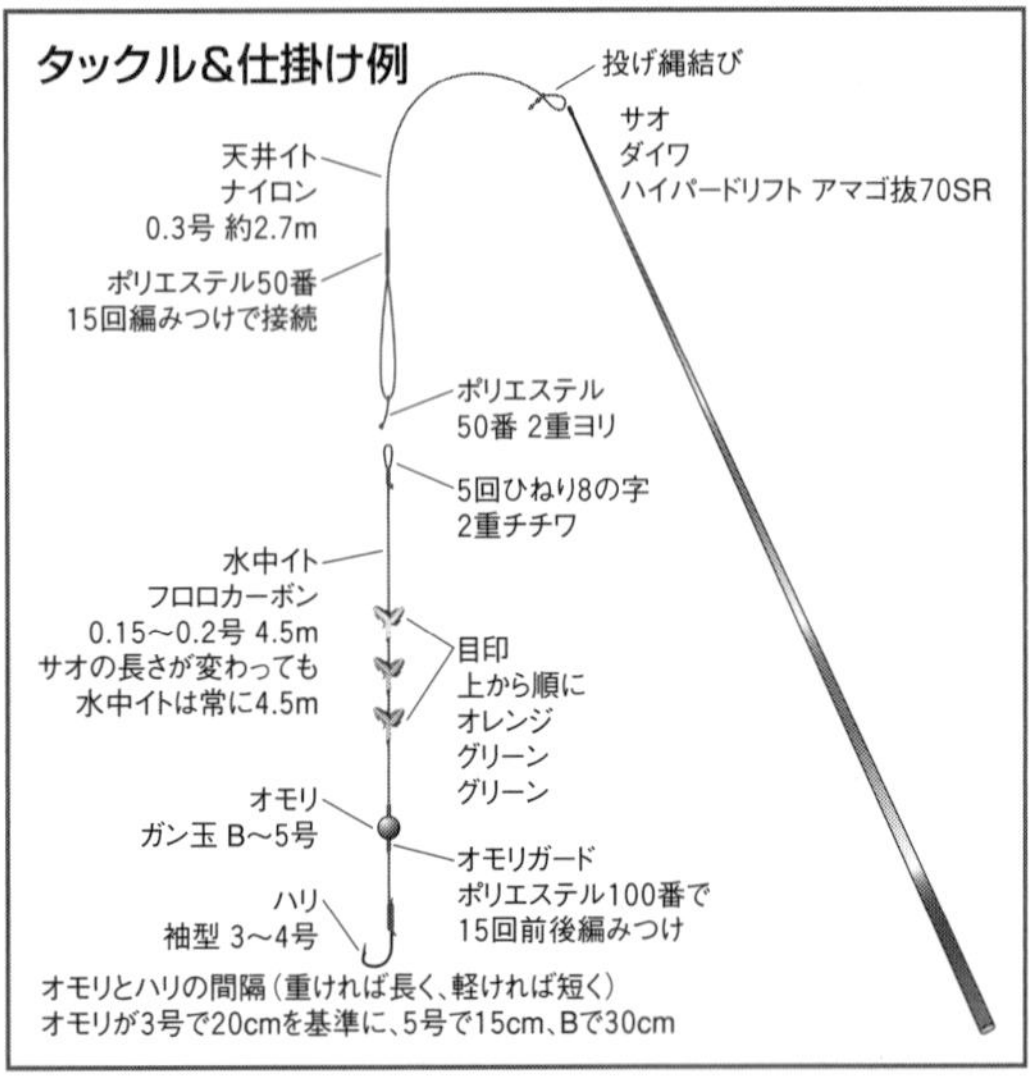

残りが天井イトの長さということになります。太さのバランスは、天井イトを水中イトのそれより1~2ランク太くします。ちなみに私は7mの本流ザオを使用する場合、水中イトが0・15号から0・2号を3ヒロ（約4・5m）とります。天井イトは0・3号で最初は2・7mくらいとし、移動式にしています。

仕掛けはトータルバランスが大切です。サオに表示されている適合水中イトの範囲内で、魚のアベレージサイズによって水中イトの太さを決めます。そのうえで天井イトの太さを決めますが、間違っても0・2号の水中イトに0・8号の天井イトなどというアンバランスな組み合わせはしないように。また、水中イトより細い天井イトなどは論外です。大ものが頻繁に食ってくるような場合は全体にランクを上げるなど、ケースバイ・ケースで対応します。

天井イトの意味とは

以前は天井イトはミチイトが穂先に絡みにくくするのを目的に、仕掛けの上部数十㎝を太めのイトにしたものを天井イトとかサオサバキなどと呼び、穂先にまとわり付かないための機能を持っていましたが、現在の天井イトの主流は移動式天井イトです。

その役割は3つ考えられます。まず1つめは仕掛けの全長を調節するための役割、2つめは細仕掛けをいたわるクッションの役割、3つめが従来どおり仕掛けがサオにまとわり付かないようにする役割です。

これらの役割を果たすための機能を備えた移動式天井イトには、大きく2通りの種類があります。1つは天井イトに編み込みで水中イトの接続部分を作って移動式にしただけのものです。この方法だと、天井イトの余分な部分が吹き流し状態になっており、水中イトやサオに絡んで扱いにくいという欠点があります。

現在の主流は余分な部分を折り返して編み付ける方法です。作るときにはひと手間いりますが、機能的にはこちらのほうがベターです。

移動式天井イトの長さを調節する機能は、水中イトが短くなったときに威力を発揮します。水中イトでもっとも傷つきやすいところはハリの結び目やオモリを噛ませる付近です。チモト付近が傷ついて白くザラついたり、ハリ先が悪くなったらその部分から切り捨ててハリを結び直します。あるいは水中イトがオモリを巻いてパーマになったりオマツリ状態になったら、その部分から下は強度が落ちるので切り捨てなければなりません。切り捨てた部分と結び代《しろ》も含めると10～30cm短くなるので、そのぶん全体を長くしなければなりません。そこで移動式の水中イトを伸ばしてやるわけです。折り返し部分を50cm程度の長さにしておけば、何回かの結び直しにも対応できます。

天井イトは、木の枝に引っ掛けるなどのトラブルがない限りまず切れることはないので、2～3セット予備を作っておけば安心です。ただし、投げ縄結びやチチワで穂先に接続する部分については時々チェックし、傷ついて弱っているようならその部分を切り捨てて新しくします。天井イトに使用するイトの太さは、水中イトより太くすることは大切ですが、太すぎると風の影響を受けるので、できるだけ細くします。基本的には水中イトより1～2ランク太い程度とします。そして天井イトの材質は、細い水中イトを保護するという目的から、伸びがありクッションの役目も果たしてくれるナイロンイトを使うのがベストです。穂先への絡みが気になる場合は、天井イトの穂先側の50～60cmを0・6号くらいの太イトにして旧来のサオサバキと同様の機能を持たせるようにすれば、問題は解消されます。

水中イトに求められるもの

渓流釣りの水中イトとしてよく使われるのはナイロンまたはフロロカーボンのイトですが、水中イトに求められる要素は強度と比重です。

強度については使い方次第でどちらが強いか簡単に結論は出せませんが、比重が高くて沈みやすいのはフロロカーボンですし、硬度もナイロンより硬くてさばきがよく扱いやすいので、私はこちらを使います。

イトの太さは釣れる魚のアベレージサイズを基本に考えますが、18～23㎝の魚であれば0・15～0・2号で充分です。サオとのバランスもあるので一概にはいえませんが、ハイパワーな大もの用のサオでなければ、これで充分いけます。

目印は風の抵抗を受けにくくするため、糸目印を編みつけ、見える範囲で極力小さくカットします。数も3個くらいまでで、できるだけ少ないほうがよいです。万国旗のようにたくさん目印を付けて水中イトがブラブラしているのを見かけますが、目印の数が多すぎたり大きすぎると風の影響を受けやすく、また水がついたとき重さで仕掛けが踊ってしまうため、できるだけ少なくしましょう。目印の色は好みでよいですが、私の場合は上から順にオレンジ、緑、緑の順です。一番下に結ぶ目印の色は要注意です。川によっても異なりますが、雑魚が反応しやすい色は避けたほうがよいでしょう。

オモリはカミツブシのガン玉を使用するので、水中イトに傷をつけないためのオモリガードを編み付けます。

そして、ハリを結んで仕掛け完成となります。

水中イの一例。素材の違いやイトの特徴をよく理解して選ぼう

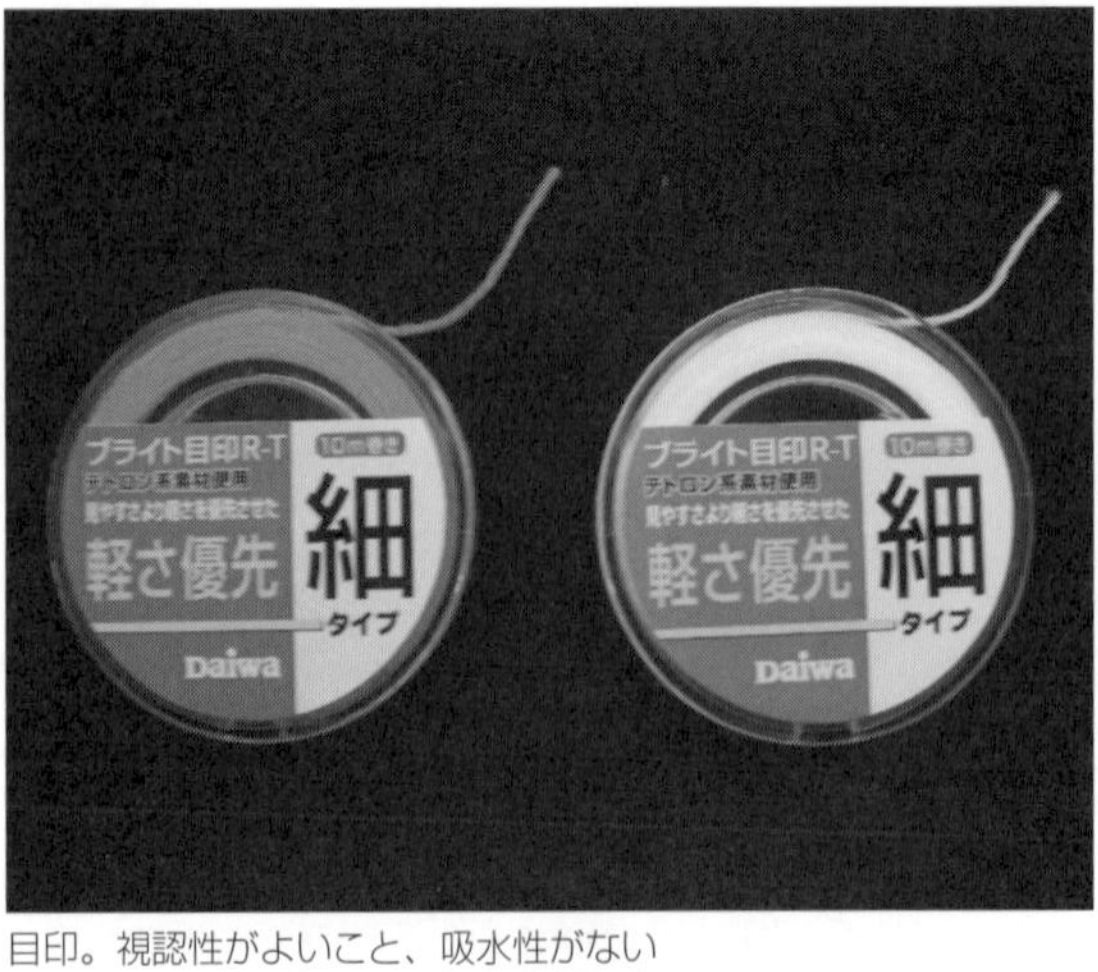

目印。視認性がよいこと、吸水性がないこと、細さ（風抵抗のなさ）などが大事

安心の結びがイトの性能を引き出す

イトが持つ強度をできるだけ低下させないように、かつ手早く仕掛けを作るために最低限覚えておかなければならない結び方がいくつかあります。

天井イトでは、折り返し部分を作るときのナイロンイトのチチワに使う8の字結び、この部分を接続するための編み込み、水中イトのジョイント部を作るための撚《よ》り、そして、水中イトをサオの穂先へ接続するための投げ縄結びまたはチチワがあります。

水中イトでは、天井イトへの接続部分となる2重チチワを作るための8の字結び、目印やオモリガードを付けるための編み込みです。

以上、仕掛けを作るうえで必要な結び方は8の字結び、編み込み、撚り、投げ縄結びの4つということになります。

① 8の字結び　ナイロンやフロロといったイトは、折れや擦れが強度を低下させます。従って、イトを結ぶ場合もできるだけイトの折れる部分が少ないような結び方をしなければなりません。簡単かつ最強とされる結び方として5回ヒネリの8の字結びをお勧めします。8の字結びを作るときにひねる回数が多いほど強度が増します。理由は結び目から出る両方のイトが平行（直線状）になり、その上からひねったイトで押さえることによりイトの折れ

をなくするからです。

②．編み込み　ポリエステルのミシン糸を使います。編み込みの利点は、イトに結び目を作らないため強度を損なわないことと、編み込み糸を縮めることにより移動が可能なことです。天井イトの折り返し部分の接続は太めの50番を、オモリガードには細めの１００番を使用して編み込みます。注意点は、天井イトの編み込みはズレない程度に固めに編み込むことです。編み込み糸（ポリエステル糸）を交差するとき、ナイロンと直角に近い角度で編み込むと固く締まります。逆にナイロンイトとの角度を狭くして編み込むと緩くなります。

オモリガードの編み込みは、オモリのサイズを変えるたびにこまめに移動しなければならないので緩く編み付けたほうがよいでしょう。オモリガードを編み込む回数は、使用するオモリの大きさにもよりますが15回前後で５～６㎜の長さにします。

③．撚り　天井イトに作る水中イトとのジョイントにするために、ポリエステルを撚り付けます。太めの水中イトを接続する場合は、ポリエステル糸を２つ折りにして撚り、４本撚りにするとバランスがよくなります。

④．投げ縄結び　穂先への接続はチチワによるぶしょう付けでもよいですが、確実に接続するには投げ縄結びのほうがよいです。

仕掛けに不安があると、安心して釣りができません。納得できる仕掛けを作って、思い切りのよい釣りをしましょう。

8の字結び（5回ヒネリ）

①イトを折り返す

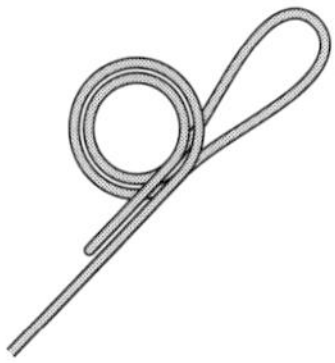

②2重部分で輪を作る

③作った輪に8の字結び器を差し込む

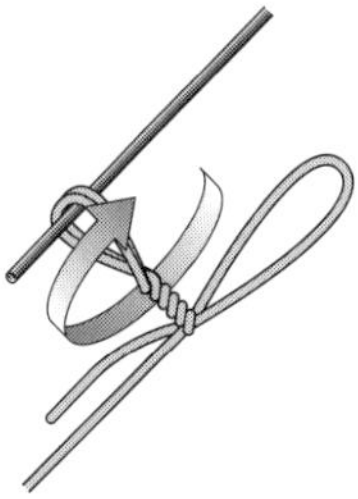

④8の字結び器を回して5回ひねる

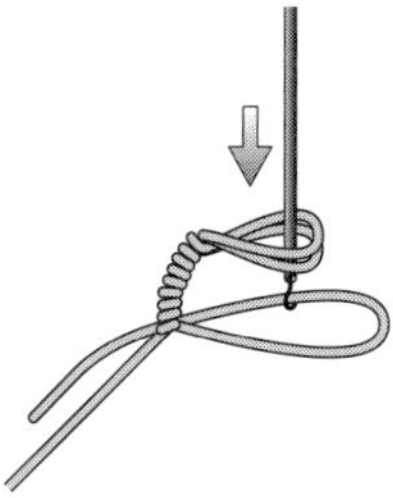

⑤8の字結び器のカギを出して輪の先端を引っ掛ける

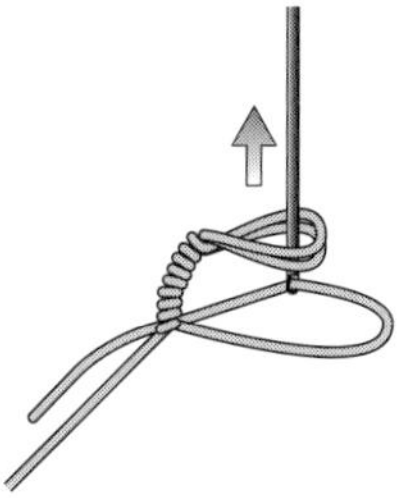

⑥カギを引っ込め輪から8の字結び器を引き抜く

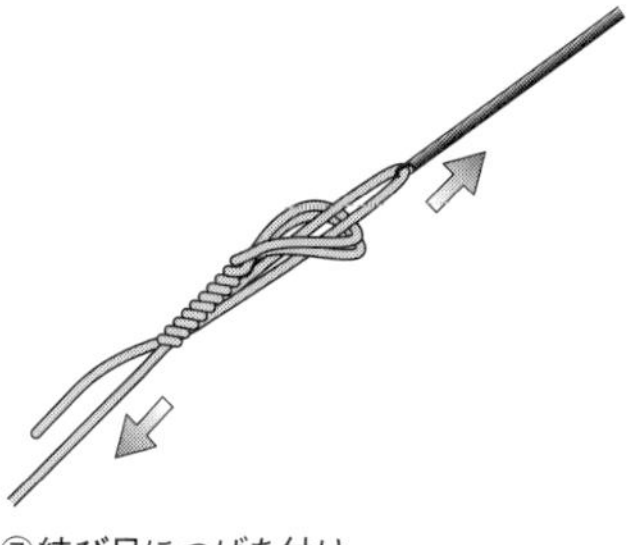

⑦結び目につばを付けてゆっくり締め込む

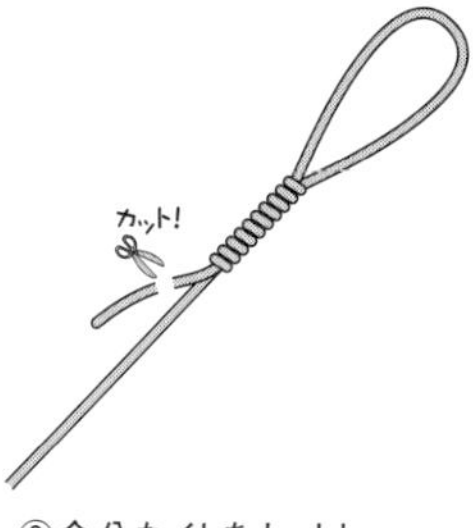

⑧余分なイトをカットして5回ヒネリの8の字結びが完成

編み込み（天井イトの折り返し部分を作る場合）

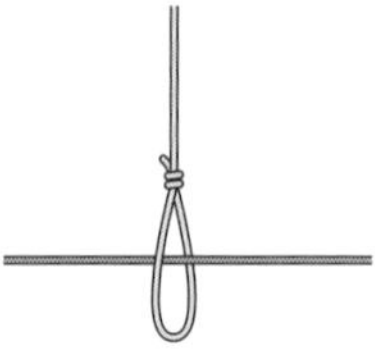

①天井イトの端に作ったチチワにポリエステル50番の糸を通す

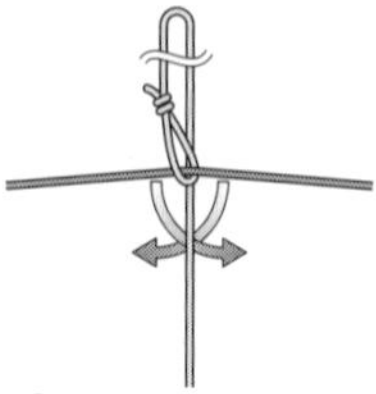

②編み込み器に固定して張ったナイロンイトの上にポリエステル糸の両端を持って置き、下へ交叉させる

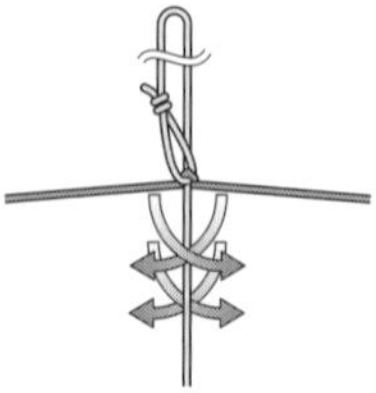

③ポリエステル糸を上下に交差しながら15回編み込む。上下を1回と数えると7〜8回編み込むことになる

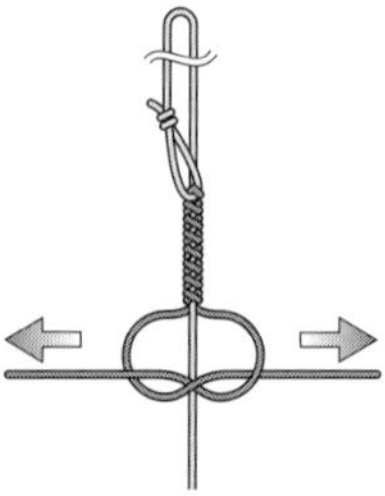

④編み込んだら、ポリエステル糸を1回結んで締める

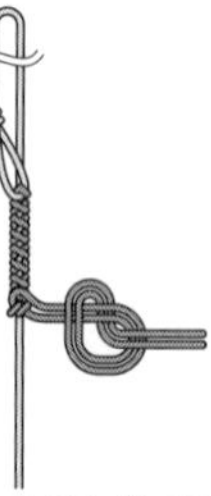

⑤ポリエステル糸の両端を揃えて2本いっしょに結ぶ

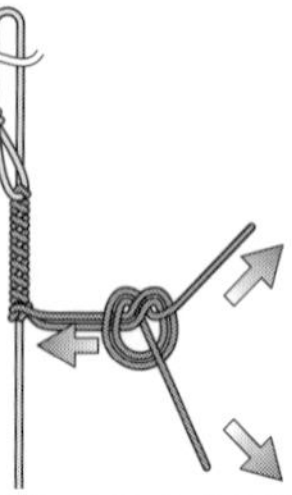

⑥ポリエステル糸の両端を開いて引きながら、結びコブを編み込みの端まで送ってくっつける

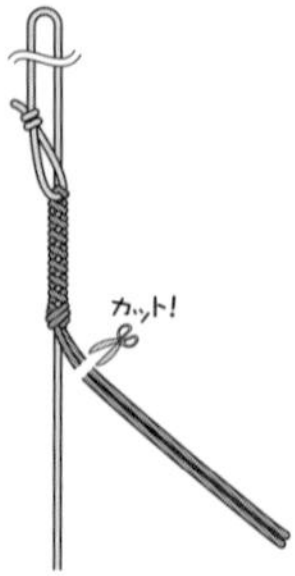

⑦余分なポリエステルをカット

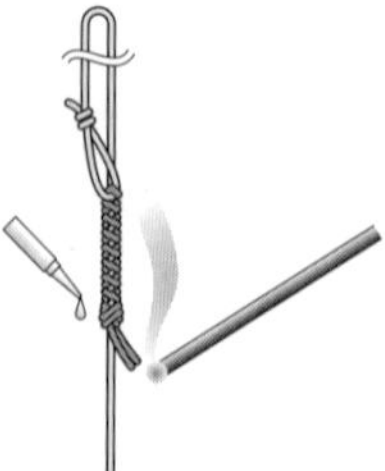

⑧端を焼くか瞬間接着剤で止める

オモリガードを編み込む場合はポリエステル糸の100番を使って、水中イトに編み込む

撚り（天井イトの水中イトジョイント部分）

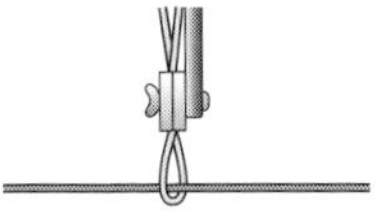

①天井イトの折り返し部分を編み付け器に固定し、ポリエステル糸50番を通す

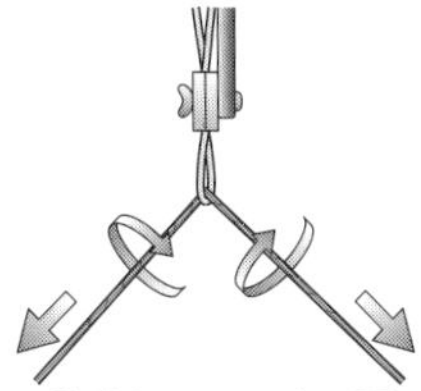

②ポリエステル糸の両端を引っ張りながら同じ方向へヨリをかける

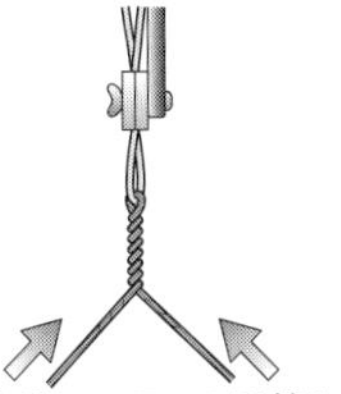

③ポリエステルの両端を持ったまま、ゆっくり緩めると糸がヨレる。1回でヨレない場合は数回繰り返すと長いヨリができる

④ポリエステル糸を揃えて2本いっしょに結ぶ

⑤ポリエステルの端を2～3mm残してカット

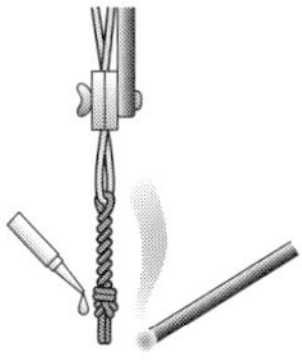

⑥端を焼くか瞬間接着剤で止めて完成

投げ縄結び（天井イトの穂先リリアンへの接続部分）

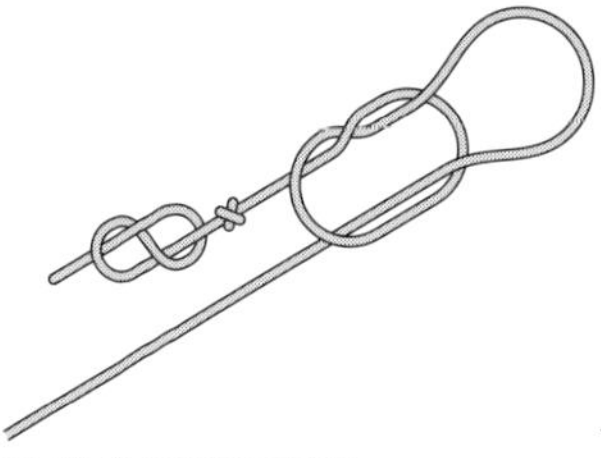

①天井イトの端にコブを2個作り、内側のコブの手前で引き解き結びにする

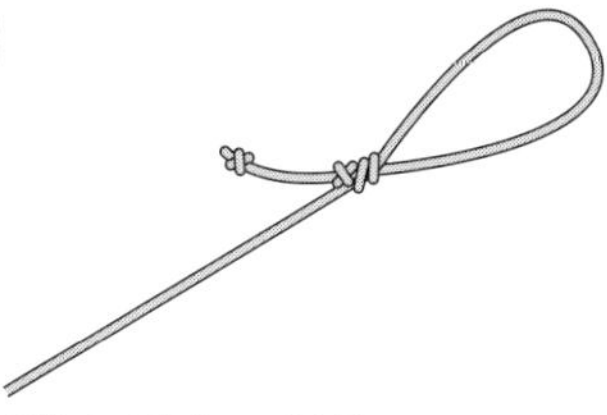

②締めて完成。コブを引くと輪が大きくなり、天井イトを引くと輪が締まる

現代の主流は小バリ

釣りにおいてハリは、魚と釣り人の接点となる重要なパーツです。

渓流バリとして市販されているハリの型は、大きく分けて袖型とキツネ型です。掛かりを優先するなら袖型、バレ防止を優先するならキツネ型ということになりますが、実際のところはカエシがあればバレは防止できますので、型は好みでよいと思います。

ハリを選ぶ上で重視したいのはサイズです。ハリのサイズは釣れる魚の大きさ、エサ、水中イトとのバランスで選択することになりますが、最近の主流は小バリです。小バリだと魚の口からすっぽ抜けるのではと心配する向きもありますが、小バリで違和感なくしっかり食い込ませることを優先します。ハリは同じ型なら小さいほどフトコロが狭くなり、魚のアゴにがっちり刺さります。これまで大バリを使っていた人はハリのサイズを落としてみてください。違いがわかるはずです。

ハリの号数についてはメーカーによって、銘柄によってまちまちです。表示号数が小さい割りに大きなハリもあるし、その逆もあります。実際に見て選んでください。

ハリを選ぶ際にもう1つ重要なポイントはハリ先です。硬さ、粘りなどそれぞれ特徴があるので一概にいえませんが、先の硬いハリは欠けやすく、粘い（粘りのある）ハリは曲がり

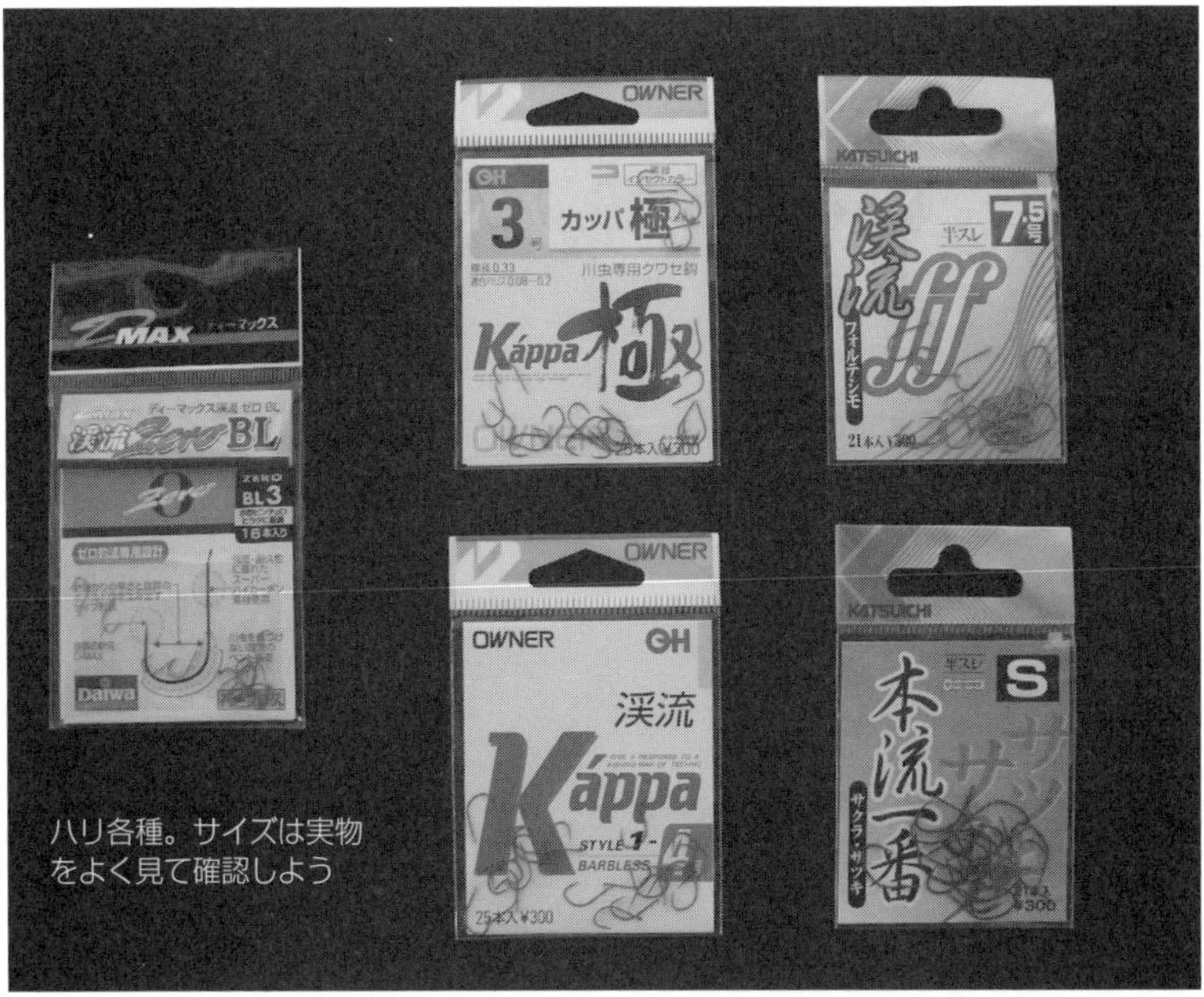

ハリ各種。サイズは実物をよく見て確認しよう

やすいという欠点があります。

私が通常使用するのはカッパ極3号です。食いが立っているときは手返しを早くするためカッパスタイル1の4号や渓流ゼロバーブレス3号などのスレバリも使います。また、サツキなどの大ものをねらうときはサクラ・サツキS号といった太軸の大バリも使います。

いずれにしても、ハリ先のチェックはまめに行ない、おかしいと思ったらすぐ交換するよう心がけます。ハリ先がおかしいかな？などと思いながら流しているときに限って、魚が出たのにバラしたということが多いものです。まさに「注意一秒、後悔一生」です。

ハリ結びは渓流マンの生命線

ハリは釣り人と渓魚との一番大切な接点です。ハリ先は常にチェックを怠らず、少しでも変だなと思ったらすぐ交換してやらなければなりません。また、ハリの結び目付近のイトにも注意が必要です。スレて白くなったらすぐ交換します。こまめなチェックとハリの結び直しは確実に釣果アップにつながるのです。

頻繁なハリ交換がめんどうな要因にハリ結びがあります。世に出回っているハリの結び方にはいろいろな方法があります。強度を考えると一番よいのがフィンガーノットだとされています。また、渓魚は歯が鋭いから歯で擦れて切れるのを防ぐためといってチモトを2重撚りにする人もいます。しかし、小バリを結ぶことと、頻繁にハリを結び替えることを考えると、簡単に素早く、イトのロスが少ない方法がベターです。

そこでお勧めしたいのが簡単結びです。読んで字のごとく、結び方はいたって簡単です。水中イトの先を2つに折ってハリの軸に掛け、2重になった部分をチモトのほうから2回掛けて、捨てイトをカットするだけです。慣れれば数十秒でできます。この結び方に不安を覚える釣り人もあろうかと思いますが、ゼロ釣法で0・08号や0・1号といった極細イトを使う場合でもこれで充分ですし、0・4号や0・6号のイトでサツキをねらうときも同じ方法で

簡単ハリ結び

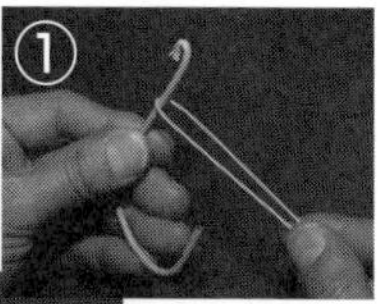

①イトの端を折って、ハリに掛ける

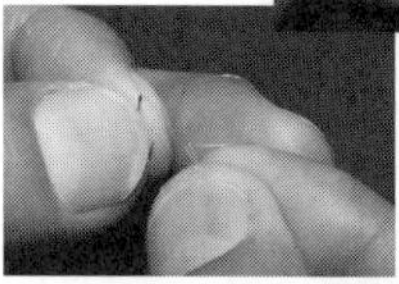

※実際にはとてもハリが小さいので、しっかり保持すること

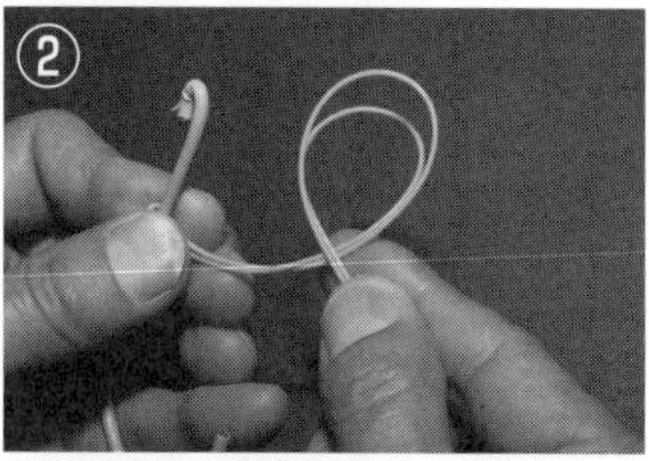

②2重になった部分をひねり、写真のように輪を作る

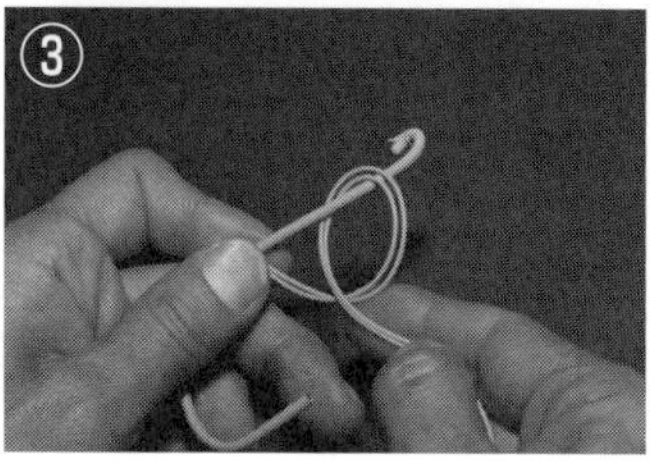

③ハリのチモトに輪を引っ掛ける

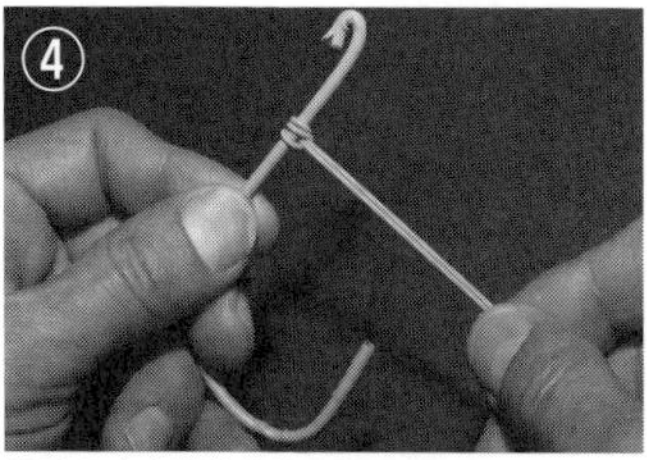

④そのまま引き絞る

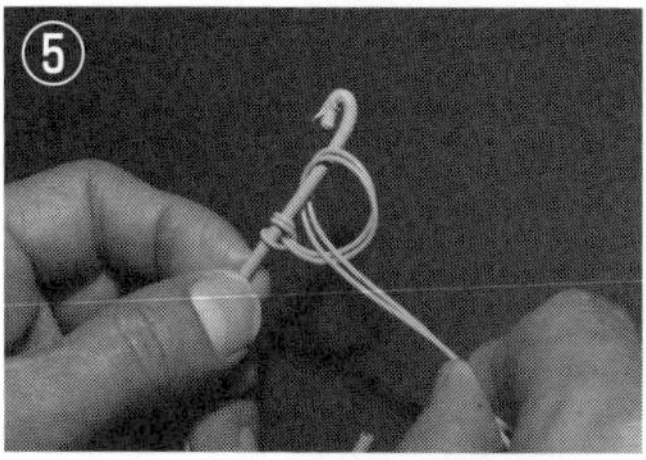

⑤もう一度、②〜④の工程を繰り返す

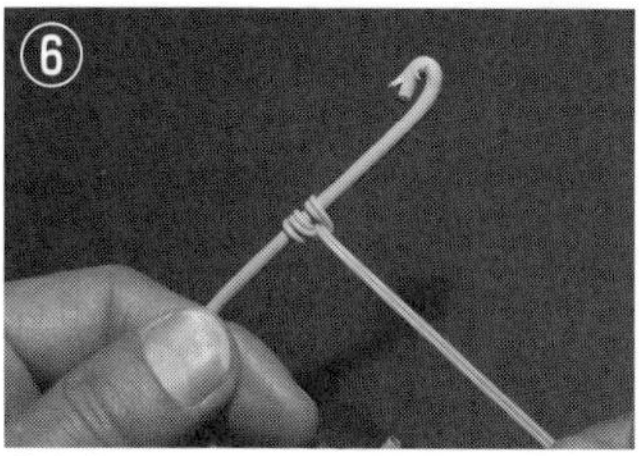

⑥完成

充分です。イトをあれこれひねくり回すより、イトへの負担は小さいと思います。

　もう1つ、私流の簡単結びを紹介します。簡単結びでは結び終えたとき、ハリの軸とイトが直角になり、平行になりません。そこで、簡単結びで2回目に掛けるイトをハリ先のほうから掛けてやります。1回手を持ち替えなければなりませんが、結び終えたときにイトがハリの軸と平行になって気分的にもよくなります。

どちらの結び方にしても、イトをハリに掛けて締めたり、引き出したりするときはツバをつけるなどしてジワッと締めることが大切です。イトが擦れると、強度が落ちるので注意します。パーマがかかったら要注意です。

白滝流・改良簡単結び

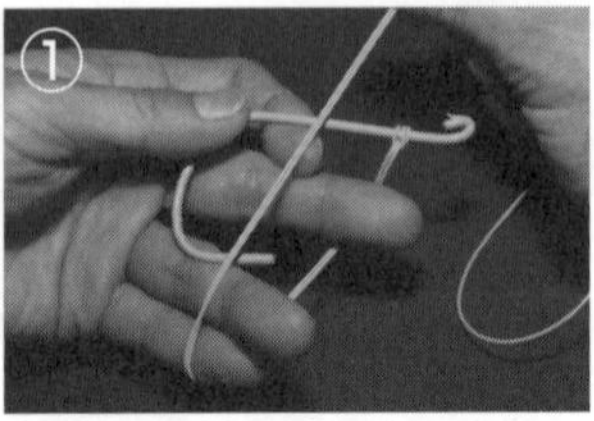

①通常の簡単結び④の後から、ハリを保持する手の小指に、外側からイトを掛ける

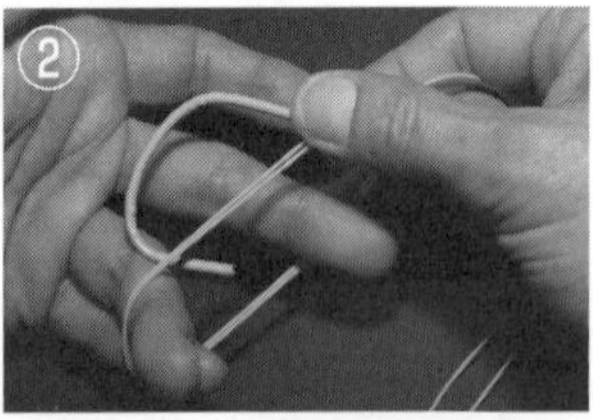

②写真のように、ハリのチモト部分でイトを押さえる

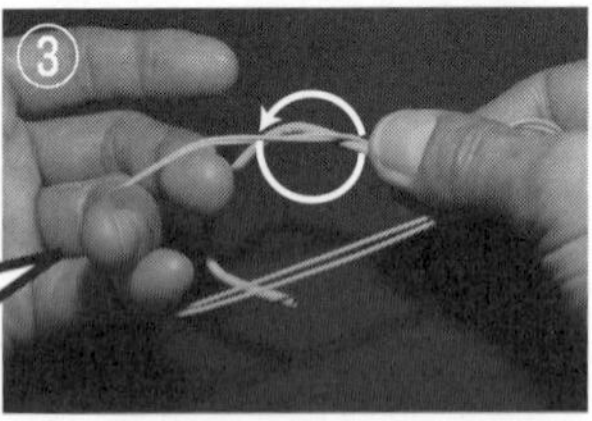

③輪になった上の部分を、矢印のようにハリの軸に巻く

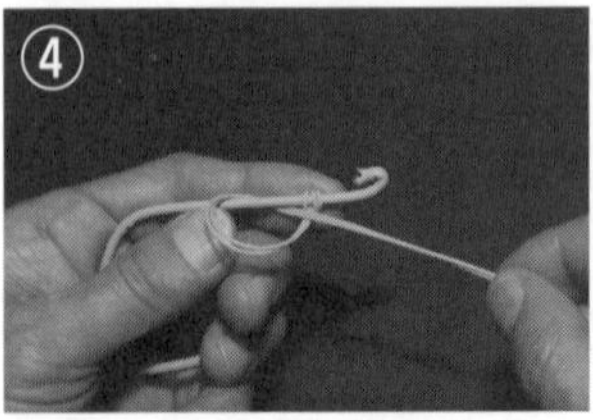

④そのままイトを引き絞る

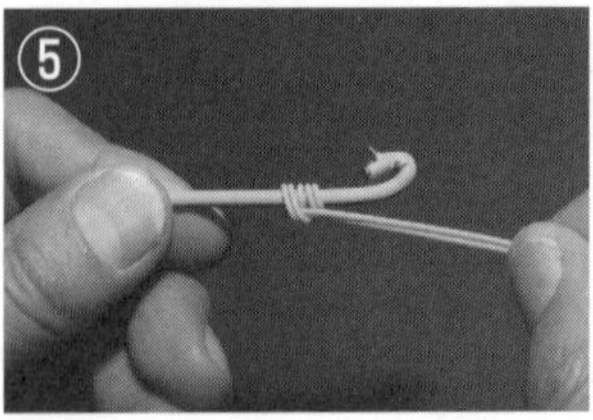

⑤完成

※強度アップを期待して③でイトを2回巻いてもよい

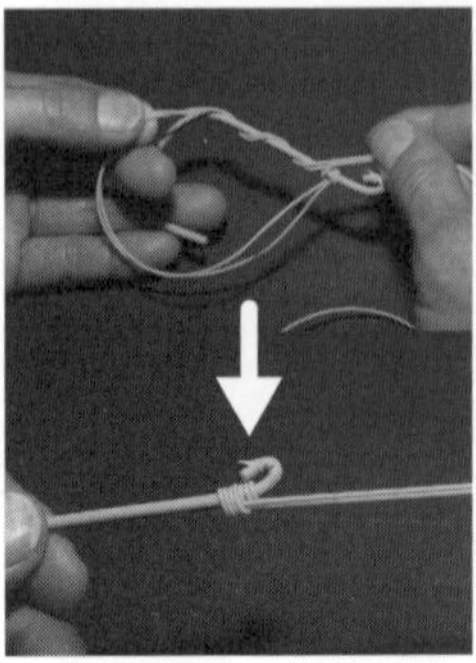

オモリを使いこなしているか

渓流釣りの仕掛けの中で重要な要素を占めるのが、オモリの選択と使い分けです。

オモリは一度付けたら付けっぱなしという釣り人をよく見かけますが、川の流れは千差万別です。一般的にチャラ瀬のような水深の浅いポイントは小さなオモリで、水深のあるポイントや流速の早いポイントは大きめのオモリを使いますが、実際の川の流れは複雑ですから流速、水深、川底の状況によって微妙なオモリの使い分けをしなければなりません。

オモリの大きさを選択するポイントは3つあります。1つめは、仕掛けを振り込むときに思うように投餌点へ振り込める重さであること。振り込み技術やサオの調子にもよりますが、基本的にはスッと振り込んだとき、ポイントまで仕掛けを届けられる大きさが必要です。

2つめは、根掛かりしない重さであること。ドリフト中に根掛かりが頻発するようならオモリが大きすぎるということになります。同様に、仕掛けがすぐに流れの筋を横切ってしまうような状態のときもオモリが大きすぎるといえます。

3つめは、仕掛けが表層の流れよりゆっくり流れる重さであること。仕掛けが水面の流れに乗って走ってしまうようなときは、オモリが小さすぎるといえます。仕掛け（エサ）が川底の流れと同調して流れる状態が理想ですから、オモリのサイズが合っていれば水面の流れよりゆっくり流れることになります。以上3つの点に注意してオモリのサイズを選択すれば、理想のオモリ選択ができます。ときには大きめのオモリでダイレクトに就餌点へエサを入れて食わせるということもやりますが、基本は以上のとおりです。

オモリを使ううえでもう1つ気を使いたいのがハリとオモリの間隔です。基本的には小さなオモリの場合は間隔を狭く、大きなオモリは間隔を広く取ります。3号のガン玉で約20㎝を基本とし、5号では15㎝と間隔を短くし、B号で30㎝くらい、4Bになると50㎝くらい離します。小さなオモリだと、ハリをくわえたときに魚が感じるテンションも小さいので、ハリとの間隔を少々近くしても大丈夫です。それ以上にアタリが早く素直に出るメリットを優先します。一方、オモリが大きくなるほど魚がハリをくわえたときに感じるテンションは大きくなるので、これはハリとの間隔を長くとり、魚に違和感を与えにくくしてしっかり食わせるようにするのです。この場合はアタリの出方は遅く、曖昧なものになります。

オモリの大きさを上手く使い分けたいのが、淵などの水深のあるポイントを釣るときです。どの層に渓魚が付いているか見極めにくいときによくやる方法ですが、最初は小さなオモリを使って流し、少しずつオモリのサイズを大きくしていきます。そうすることによって、水深のあるポイントのいろいろな層を釣ることができます。表層から順に底層へと釣ることになるので、これをエレベーター釣法などと呼びます。

そんなわけでオモリは頻繁に付け替えるので、ガン玉外しは必携品となります。

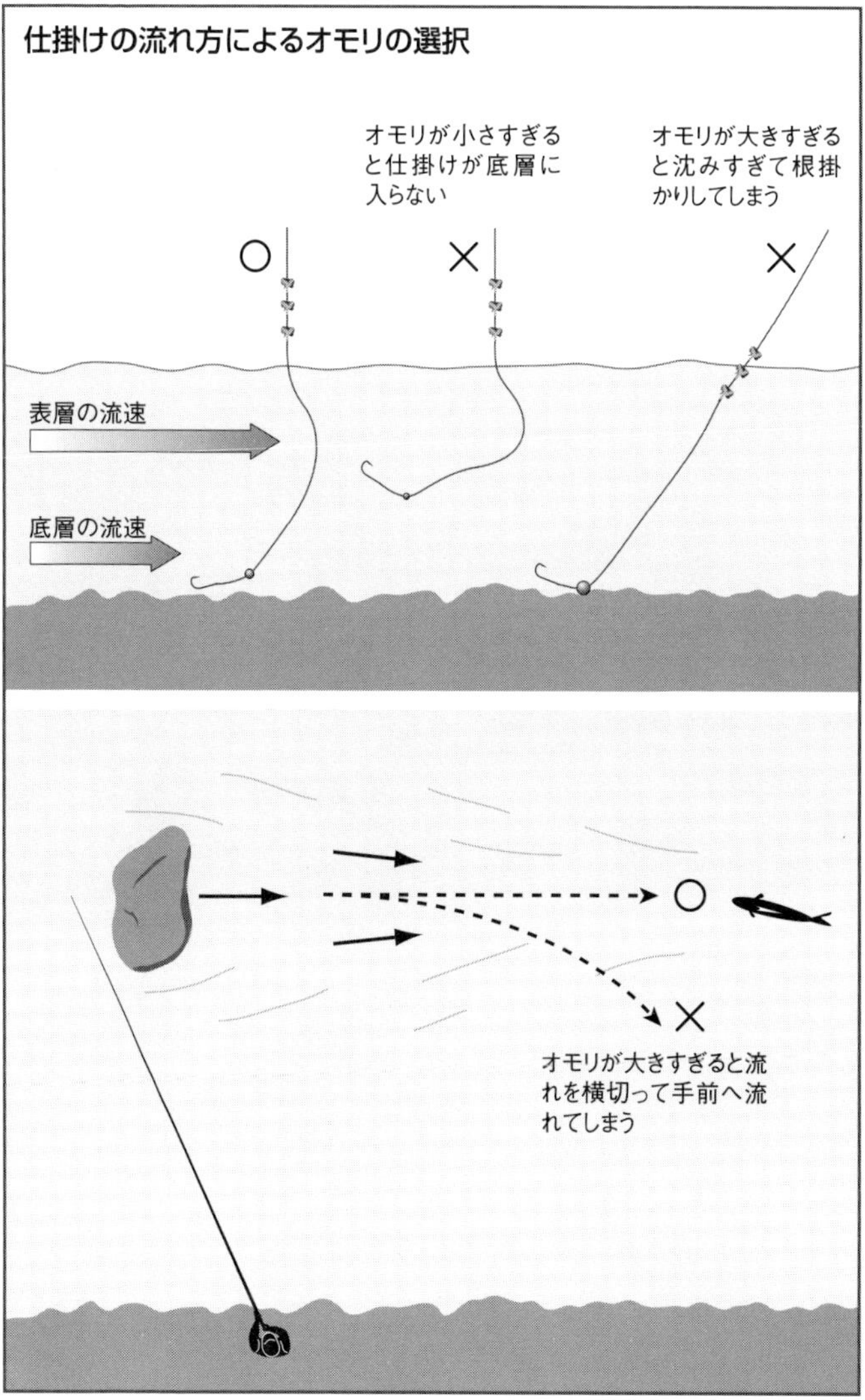
仕掛けの流れ方によるオモリの選択
オモリが小さすぎると仕掛けが底層に入らない
オモリが大きすぎると沈みすぎて根掛かりしてしまう
○
×
×
表層の流速
底層の流速
○
×
オモリが大きすぎると流れを横切って手前へ流れてしまう

四ノ扉

実践編1
ナチュラルドリフトとポイント**攻略**。
渓流マンの**釣果**アップを**阻**む
2つの**大**きな**壁**

そのドリフトは本当にナチュラルか？

渓流釣りの基本はナチュラルドリフトですが、これができていない釣り人が多いのも事実です。

ナチュラルドリフトとは読んで字のごとく、自然に仕掛けを流すことです。イトを水中で袋状にして流すことから、フカセ釣りなどともいわれます。渓魚が違和感なくエサを捕食するためには、自然な状態で流れに乗せてエサを流してやることが大切だという発想から生まれたドリフトです。

理想的なナチュラルドリフトとは、仕掛けが水面から直角に立ち、水面の流れよりゆっくりと水平移動する感じで仕掛けが流れる状態を作ることです。そのスピードは一定性を保ちながらも、川底の流れと同化して若干の強弱をつけながら流れる感じになります。

水中のようすをみると一般に表層の流れは速く、川底の流れは遅いという現象が起きています。これは、水面近くは何の抵抗もないのでスムーズな流れになり、川底は石や岩などの障害物、起伏によって乱流ができるので表層よりゆっくりした流れになるというわけです。したがって、仕掛け（オモリ、エサ）がしっかりと底に入っていれば、水面の流れよりもゆっくり流れるということになるわけです。

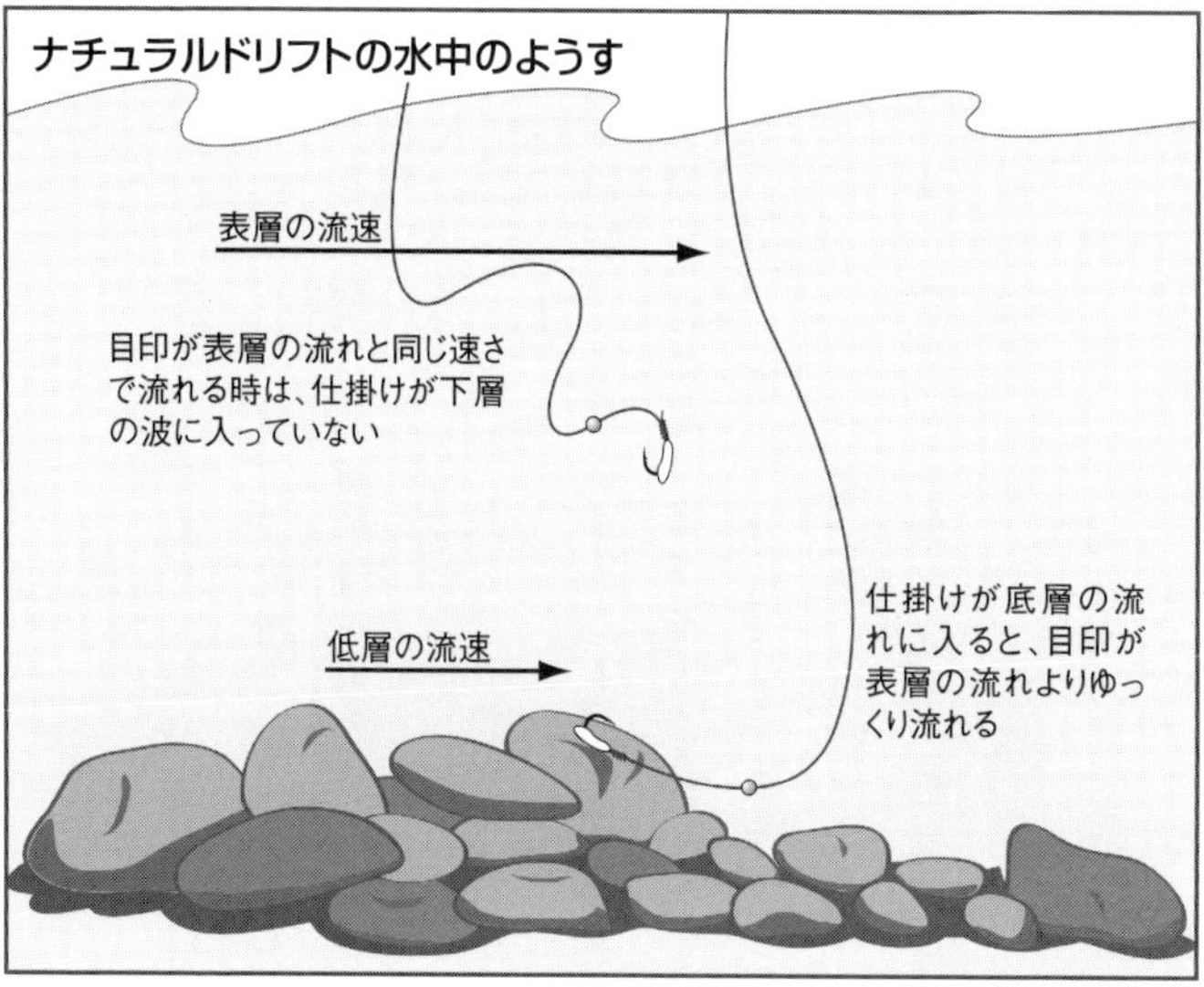
ナチュラルドリフトの水中のようす
表層の流速
目印が表層の流れと同じ速さで流れる時は、仕掛けが下層の波に入っていない
低層の流速
仕掛けが底層の流れに入ると、目印が表層の流れよりゆっくり流れる

オモリのサイズが合わなかったり、ドリフト中に仕掛けがブレたりすると、たちまち仕掛けは底波を外れて理想のドリフトができなくなり、仮に底を流れていたとしても、エサが踊って不自然に流れてしまうので魚が警戒して食わなくなります。

盛期になると渓魚は表層で食っているという人がいます。これは、活性の高くなった魚が表層の速い流れに出てエサを追うことをいうのであって、水深のある淵などの特別な場合を除いて渓魚が定位するのは底波であり、仕掛けは底層を流すということを忘れてはいけません。

ナチュラルドリフトは渓流釣りの基本中の基本。これができればある程度の釣果は保証されますから、完璧にマスターします。

名手は職人のように構えがブレない

仕掛けを振り込み、流れに馴染ませ、目印をブレさせずにドリフトするという一連の動作をスムーズに行なうためには、何よりもしっかりとサオを構える必要があります。剣豪が刀を構えるその姿に一瞬のすきもないように、名手上手といわれる釣り人の構えはいつも安定していて、ある種の気迫を感じさせながらもその姿は自然に溶け込んでいます。そんな構えが理想です。

まずは足もとを固めます。人が無理なく立っていられる両足の間隔は肩幅程度ですから、肩幅に足を開きます。そのとき前後左右どちらの方向に対しても安定感を出すためには、足を前後にずらします。軸足はヒザを伸ばし、もう片方は軸足を支えて姿勢を安定させるための足と考えます。体重の多くは軸足にかけることになります。このバランスは、立つ位置が陸上と流れの強い瀬の中に立ち込む場合とでは変わってきます。流れに耐えようとすれば上流側の足に体重を乗せて、下流側の足はつっかい棒の役割を果たす感じになります。

実際には、振り込みやドリフトの最中に微妙な重心移動をするので、軸足も変わることになります。いずれにしても、少々の波に押されてもサオを持つ上半身がブレないような立ち方がベターです。極端に前のめりになったり、逆にそっくり返った構えでは安定したドリフ

構えにブレがなければ流す仕掛けもブレない

トができず、見るからに不自然です。
サオの持ち方は、片手持ちと両手持ちがありますが、ある程度の長さ、重さのサオを安定して持つには両手持ちです。くどいようですが、穂先がブレないようにドリフトするための持ち方を覚えます。肩の力を抜いてサオを持ちます。利き手でサオ尻をしっかり握り、反対の手は無理のない位置にそっとサオを支える感じで添えます。このときの両手の間隔は一般的な体格の人で30～40㎝です。
脇を締めてサオをしっかり保持せよということを耳にしますが、これは違います。仕掛けを振り込むときには脇を締めてもよいですが、ドリフトするときには脇を身体から離します。そうすることによって、腕が身体の揺れやブレを押さえるクッションの役目を果たします。慣れるまでは常に身体の状態に気を配るようにすることで、そのうち身体が自然に覚えてきます。

どんな動作を行なうときにもリラックスが大切です。以前、知り合いの射撃選手に話を聞く機会がありました。彼らは銃に付いたスコープをのぞいて遠くの的をねらって撃つのですが、的に当てようという気持ちが前に出すぎると、ついつい力が入り銃身がブレて的に照準が定まらないといいます。射撃の世界でもリラックスすることが大切だというのです。ではどうしたらリラックスできるのかと聞いたら、彼はこう答えました。

「息を吸って、ゆっくりスーと吐いてみなさい。息を吐く途中に身体の力が抜けてリラックスできる瞬間があるはず。その感覚を維持するんだよ」

読者の皆様もやってみてください。たぶん、誰でもその感覚が分かる瞬間があると思います。リラックスとは身体がそんな状態になったときのことです。

身体がリラックスした状態を維持しながら、仕掛けを振り込み、ドリフトに移るといった一連の動作をこなすことができるようになれば、理にかなった構えができたといってよいでしょう。そんな構えは不意に出現する渓流釣りのいろいろなシチュエーションに素早く対応することを可能にしてくれます。

気迫あふれながらも流れるような動きは、まさに魚を相手に戦う武士の立ち姿で、見ていても気持ちのよいものです。

ドリフトは振り込みから始まる

渓魚は人影に敏感な魚だから、ポイントからできるだけ離れて仕掛けを振り込もうということを耳にします。

これは、間違いとはいいませんが、理想的なドリフトができるのは穂先の真下です。仕掛けを流れの筋のままに流すには、流れに対して直角にサオを構えたとき、穂先の下に食い波の筋を持っていくのがよいということになるので、流す筋からの距離を考えた立ち位置をとるようにします。

仕掛けの振り込み方法はいくつかありますが、投入点へ仕掛けを振り込み、そのまま淀みなくドリフトへ移ることができるようにしなければなりません。サオの調子やパワーにもよりますが、お勧めなのは、跳ね込みと呼ばれるオーバーまたはサイドから振り込む方法、または、「の」の字振り込みと呼ばれる頭上で仕掛けを回転させて振り込む方法です。この使い分けはサオの調子によって決まります。

強めの調子のサオは跳ね込みで振り込みます。軽くバックスイングした仕掛けを前方へ振り込みますが、振り込むというより、仕掛けの重みをサオに乗せて押し出すイメージでやると仕掛けがスムーズに飛びます。利き手でサオを振るときに、反対側のサオに添えた手の親

「の」の字振り込みの実際

指の付け根付近で、サオを押し出してやる感じで操作します。振り込んだサオを途中で止めると仕掛けはフワリと着水します。最後まで振り切ってしまうとポチャンと音を立てて着水するので注意が必要です。ちょうど、テンカラ釣りで馬素《バス》が水に付かず毛バリだけが着水する感じです。

跳ね込みは慣れてくるとバックスイングは少しですむようになり、テンポのよい振り込みが可能となります。はたで見ていると頭上前方でサオを操っているかのように見えます。

サイドから振り込む場合はサオを少ししゃくり上げるような操作をすると仕掛けがフワリと飛びます。この場合も仕掛けを穂先に乗せて振り込まない

と仕掛けは飛びません。どうしても仕掛けが飛ばないときは、ドリフトに支障のない範囲でオモリを大きくすると振り込みやすくなります

軟らかい調子のサオには、「の」の字振り込みがお勧めです。前方頭上で回した仕掛けを途中でサオの動きを止めることにより、跳ね込みと同じ感じでフワリと飛ばします。「の」の字振り込みは仕掛けが投入点から外れそうになったとき、着水直前に引き上げそのまま振り直すという素早い対応ができます。

いずれの振り込みも仕掛けの着水には注意します。目印まで水面に付けないように仕掛けを着水させます。イメージとしては仕掛けを振り込むという

より、「仕掛けを置きにいく」という感じです。そのためのサオの操作が、振り込んだサオを途中で止めてやるということです。止めてやるといっても実際の動きとしては、振り込んだ最後の瞬間スッと少しサオを戻す感じです。この操作によって穂先のブレがおさまり、サオを止めることになります（連続写真の4番目から5番目の動作）。ねらったポイントにフワッと仕掛けを入れてやることが次の動作であるドリフトへとスムーズに移行するための重要なポイントです。

もう1つ、横風があるときは、サイドスローの跳ね込みで風下から風上へ向かってサオを振るとねらったポイントへ振り込みやすくなります。

振り込み（跳ね込み）

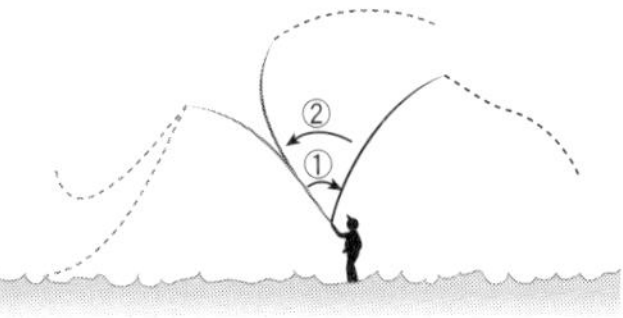
②
①

①サオを少し後方に跳ねる
（バックスイング）
②仕掛けの重みをサオに乗せる感じで前方に押し出すイメージで跳ねる。押し出したサオを途中で止めると、仕掛けはフワリと着水する

上から見た図

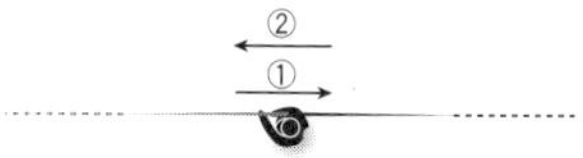
②
①

横からの跳ね込み

上方に障害物がある場合や、風が強く、風上に向って振り込まなければならないときに行なう跳ねこみ

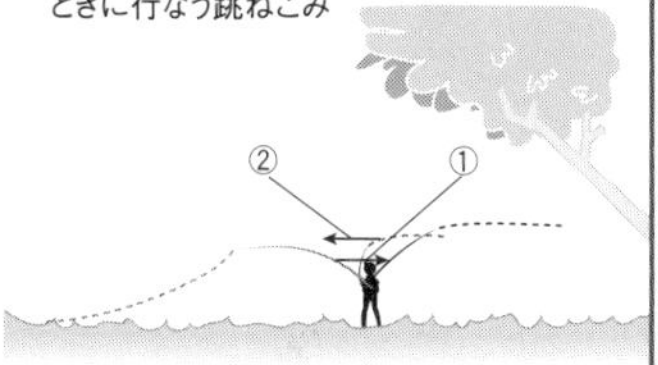
②
①

①サオを横後方に少し跳ねる
（バックスイング）
②サオをシャクリ上げる感じで前方に跳ねる。サオを途中で止めると、仕掛けはフワリと着水する

上から見た図

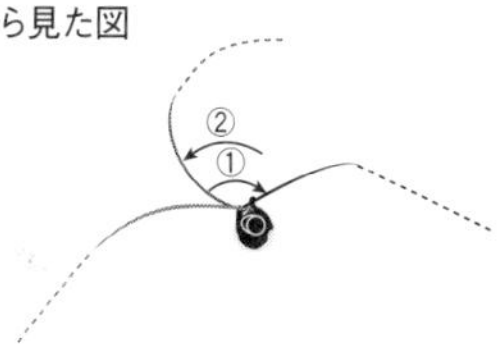
②
①

振り込み（「の」字振り込み）

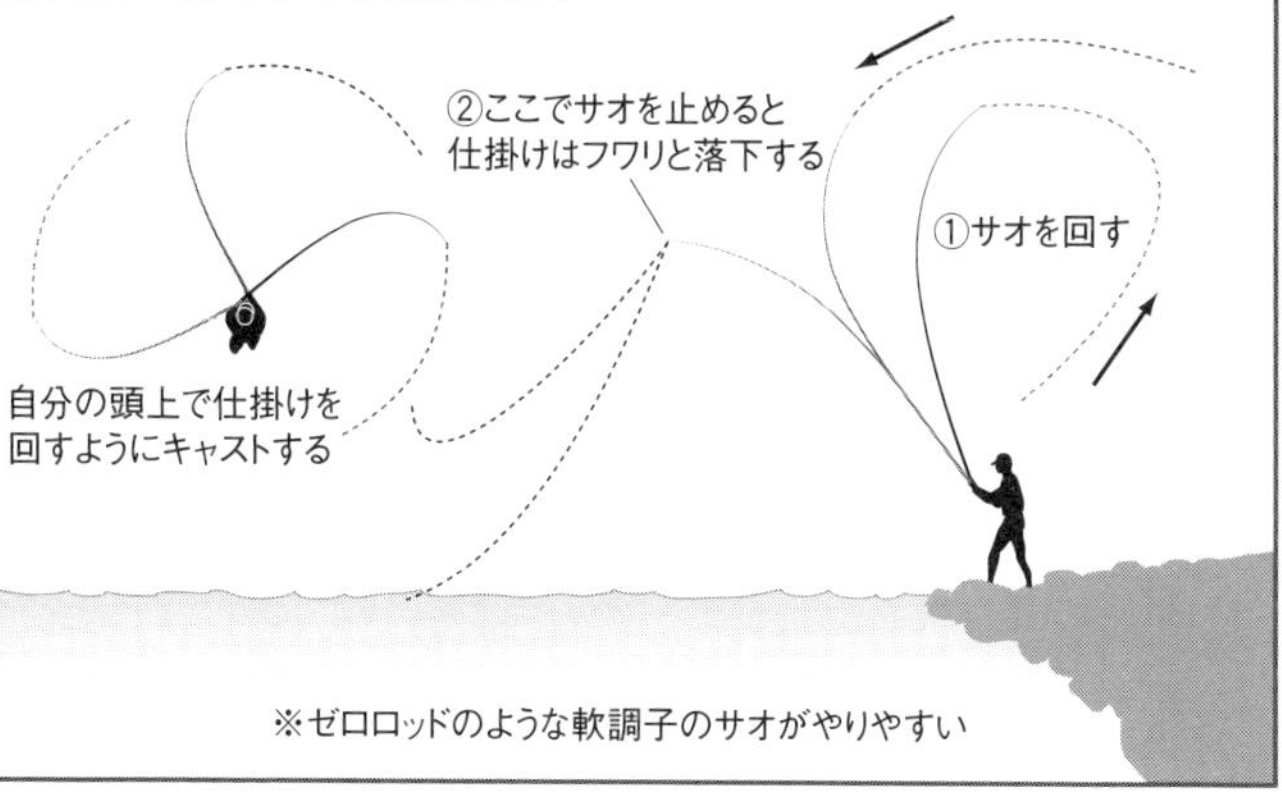
②ここでサオを止めると
仕掛けはフワリと落下する
①サオを回す
自分の頭上で仕掛けを
回すようにキャストする

※ゼロロッドのような軟調子のサオがやりやすい

ねらうはピンポイント

仕掛けの投入は、ねらったポイントに的確に振り込めるようにします。Yパターンの場合は波が揉み合わさるすぐ上にできる女波をねらいます。投入点が上流へズレて石裏の巻き返しに入ると仕掛けが巻いて流れ出てこず、そうなるとイワナのいる川ではイワナが、本流域ではウグイなどの外道が食ってしまうことが多いものです。また、前後へズレると流心の速い流れに乗って仕掛けが流れに馴染まず表層を流れてしまうことになります。

ICパターンの場合は、流心の際にできる反転流と流心が合わさるところに揉み合わせがあり、女波ができるのでここをねらいます。流心に仕掛けを入れると表層の流れに乗って流れてしまうし、反転流に入れてしまうといつまでも仕掛けが舞って流れ出しません。ましてや男波に振り込んだら吹き上がって流れに馴染みません。仕掛けの投入点は食い波で決まってくることを常に頭に入れておきましょう。流れを見て、振り込むポイントを素早く判断することが大切です。ピンポイントに仕掛けを振り込めるようになるには練習以外にありません。

仕掛けがポイントに届かなくては話になりませんが、ポイントより向こう側へ着水した場合には、サオを上流側へ倒して待っていると仕掛けが流されて手前にくるので、そこからドリフトに入るということも可能です。まずは投入点より遠くへ飛ばすコツを覚えることです。

投餌点ＹパターンとICパターン
○の地点（中の数字は流す順番）に仕掛けを投入して、点線を流す。実線の→はＹパターンとICパターンの流れ。ほかの地点に仕掛けを投入した場合、なかなか流れ出さなかったり、表層の流れに乗って流れてしまいやすい

ドリフトは身体を回す

ナチュラルドリフトにおける目印の位置は、川底の起伏の状態にもよりますが水深より少し長めにとります。水中イトが表層の流れによってフケてもなお、エサが底層に届く長さが必要です。目印が低すぎると底までエサが入りません。

自分が釣ろうとするポイントの前に立ち位置を決め、仕掛けを振り込みます。くどいようですが、仕掛けを振り込んだとき目印は水に付けないように注意します。仕掛けが着水したとき、水中イトは斜めの状態になるので一番下の目印を支点にする感じでジワッと立てます。そのときオモリが底に沈み、仕掛けが流れに馴染むので、ここからドリフトに移ります。

どうしてもここまでの操作がうまくいかない場合は、仕掛けが着水したらいったんサオを止めてやります。そうすると仕掛けが浮いて、水面と平行に近い状態になるので、ここから仕掛けを立てていきます。

水深のあるポイントで仕掛けを馴染ませるときに起こりやすいトラブルがあります。大きめのオモリを使って仕掛けを振り込み、流した後仕掛けを上げてみると、オモリの上の水中イトにエサが巻きついていたということがあります。あるいは水中イトのオモリの上の部分がヨレている場合もあります。こうなる原因は仕掛けの馴染ませ方にあります。仕掛けが着水した時点で、仕掛けを早く川底へ沈めようと思って仕掛けを緩めてしまうと、オモリが仕掛けを引っ張りながら沈んでいくので、エサが引かれてヒラを打ち水中イトを巻いてしまうのです。これを防ぐには、やや仕掛けを張り気味にしながらオモリが先に沈まないようにゆっくりと沈める（馴染ませる）ことが大切です。特にB号以上の大きなオモリを使うときは注意します。

仕掛けが底波に馴染むと同時にドリフトに入ります。水面と直角に立った仕掛けが流れ出すのに合わせて穂先をつけていきます。身体を支点にサオを回します。このとき注意するのは腕先でサオを操作しないことです。サオを軽く保持した状態で上体を回すようにします。手先でサオを操ろうとすると目印がブレる原因になります。水面の流速よりやや遅く、流れのままに目印が流れればドリフトはバッチリ決まっています。「ドリフトは身体を回す」がナチュラルドリフトのコツです。

流し終えたら穂先を止め、仕掛けが吹き上がるのを待ちます。仕掛けが水面まで浮き上がったらもう一度同じ筋を流すために振り込みます。浮いた仕掛けを手元へ引き戻すことなくそのまま投入点へ振り込むようにすると、無駄な動きがなくなり、サオを振る回数を増やすことができ、効率のよい釣りができることになります。もちろんときどき仕掛けを手に取りエサをチェックすることを忘れてはいけません。

そっとポイントに近づくと、活発にエサを追うアマゴが見えたとします。これなら釣れるだろうと仕掛けを流しますが、流れる仕掛けに付いて下るのに、なかなか食わないという場面に出くわすことがあります。また、エサを流し始めたら魚が流れのヒラキまで先回りしてエサを待っていたのに見向きもしなかったということもあると思います。ときには何度か流していているうちにどこかへ行ってしまい魚の姿が見えなくなることもあります。ハリの付いていないエサは一発で食うのにハリの付いたエサは食わないなどといいますが、そうではありません。エサの流れ方が不自然なために食わないと判断するほうが正しいのです。こんなときは仕掛けがブレたり、流れの筋から外れたりしてスムーズに流れていないことが多いのです。もう一度サオの構え、オモリの大きさ、立ち位置をチェックし直します。

アタリの出方が大きいときも、うまくエサが流れていないことがあります。魚が定位しているところから、それて流れるエサをくわえて元の場所へ戻ろうとする動きが大きなアタリに表われることがあります。考えようによっては違う筋にいる魚を引き出したことになるので、よいといえばよいわけですが……。

風が強いときは仕掛けが吹き上げられて、流しにくくなります。サオが支えきれないような強風は別として、風が強いときはイトフケを大きくして、風上へ倒したサオの穂先で仕掛けを押さえつけるような感じで流すと上手くドリフトできます。このあたりは経験を積むしかありませんが、常に水中の仕掛けの状態をイメージしながらサオを操作することが上達への近道です。

ナチュラルドリフト（仕掛けの馴染ませ方と流し方）

仕掛けを振り込んだとき、目印は水に付けないようにする。仕掛けが着水したとき、水中イトは斜めの状態になるので、一番下の目印を支点にする感じでジワッとサオを立てる。そのときオモリが底に沈み、仕掛けが流れに馴染むので、ここからドリフトに移る

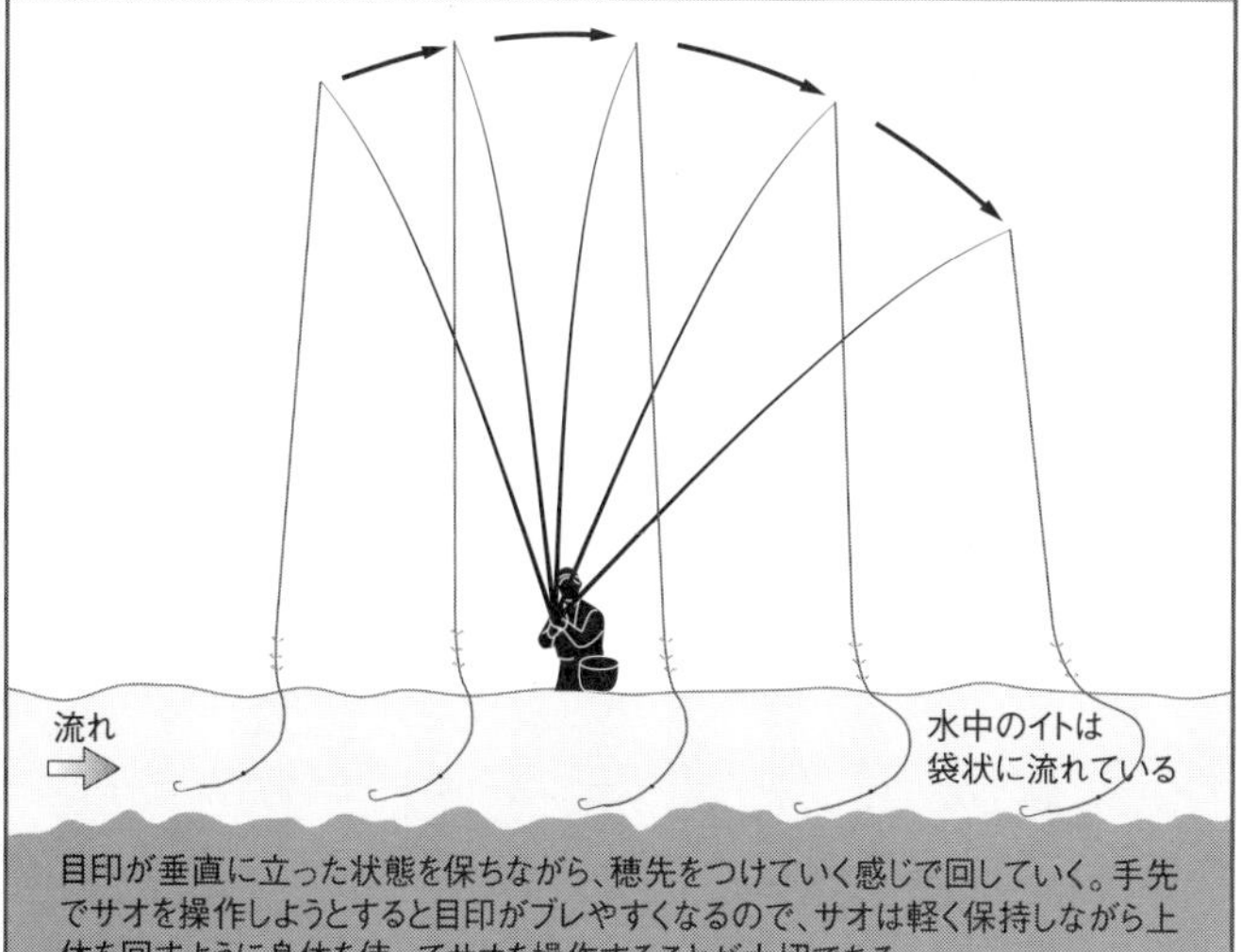

目印が垂直に立った状態を保ちながら、穂先をつけていく感じで回していく。手先でサオを操作しようとすると目印がブレやすくなるので、サオは軽く保持しながら上体を回すように身体を使ってサオを操作することが大切である

抜きかイナシか素早い判断をしよう

ナチュラルドリフトにおけるアタリの出方は素直です。目印がストンと下がったりフッとフケたり、横に動いたりと、ダイレクトなアタリが出ます。アタリが出たら合わせますが、手首で合わせてはいけません。アワセが強すぎて、アワセ切れの憂き目に遭うことがあります。腕全体を持ち上げる感じ、もっといえば身体全体で合わせる感じが大切です。大げさな表現をすれば、名手のアワセは瞬間両手がかすかに動き、膝を曲げて少し腰を落とすような動作に見えるはずです。

取り込みの基本は抜きと考えます。ゼロ釣法で0・1号以下の細イトを使っている場合はそうもいきませんが、立ち位置を変えることなく効率よく釣るためには場荒れさせないことが重要な要素となります。魚をバラしたとたんにアタリがなくなったというのはどの釣りにも共通することです。バレてびっくりした魚が逃げるようすは、他の魚も尋常ではない何かを感じているはずです。ハリをくわえて走り回る魚の動きもそれと同じような恐怖心を他の魚に与えていると考えられます。

抜きのメリットは場荒れを防ぐことです。合わせた瞬間に穂先で聞いて魚の大小を読み取ります。浮きそうなサイズだったらそのまま抜き上げてタモに飛ばします。魚が水面に出た時点でサオから片手を離し（利き手でない方の手）タモを持って受けますが、慣れてくるとタモは腰に差したまま、手を添えるだけで魚を受けられるようになります。もちろんやっと抜けるような良型の場合は、無理する必要はないのでタモを抜いてしっかりキャッチします。アユの引き抜きは2尾一度に抜くのに対して、渓魚は1尾なので特別に難しいことではありません。

合わせた瞬間に魚が底離れせず首を振ったり、走り出したら大ものと判断してイナシにかかります。イナシのコツは、まず上ザオで上流側にテンションを掛けてやります。ゴンゴンと首を振って下がるようなら少し緩めてやります。そうすると魚は落ち着き、ゆっくりと上流へ泳ぎ始めるので、もう一度テンションを掛けてやります。この繰り返しで少しずつ魚を弱らせ、頃合いを見計らって浮かせます。まだヤバイようならもう一度イナシにかかります。この操作をワイパー操作といいます。少しでも早く寄せるためにはイトの限界を知り、ぎりぎりのところでやり取りすることです。すぐに寄せられる大きさの魚にもかかわらず、川中を走り回らせて場所を荒らすようなことは避けたいものです。大ものが食ったときはモゾッと小さなアタリが出ることが多いので、こんなアタリが出たときは身構えるような習慣をつけます。

ちなみに、0・2号の水中イトで20㎝くらいまではアワセの動作の延長線上で有無をいわさず抜きます。ひと回り大きめの23㎝あたりを目安に、抜くかイナスか、あるいは一呼吸置

取り込みは抜きを基本として、その場の状況や魚の状態に応じて対応する

いて抜くかという判断になると思います。この感覚は覚えるしかありません。

仕掛けの流れ方が不自然だったり、流す筋が外れていたりすると概して合わせにくいアタリが出ますから、確実に合わせるためには正確なドリフトが必要になります。さらに、集中力の低下もアワセ損ないの要因になります。漫然と流しているときに出るアタリはアワセ損ないやすいものです。

渓流釣りはその場その場における判断力が釣果を大きく左右します。集中力が続かないときはミスが連発します。1日よい釣りをしたかったら、万全な体調で気力をみなぎらせて川に立ちましょう。

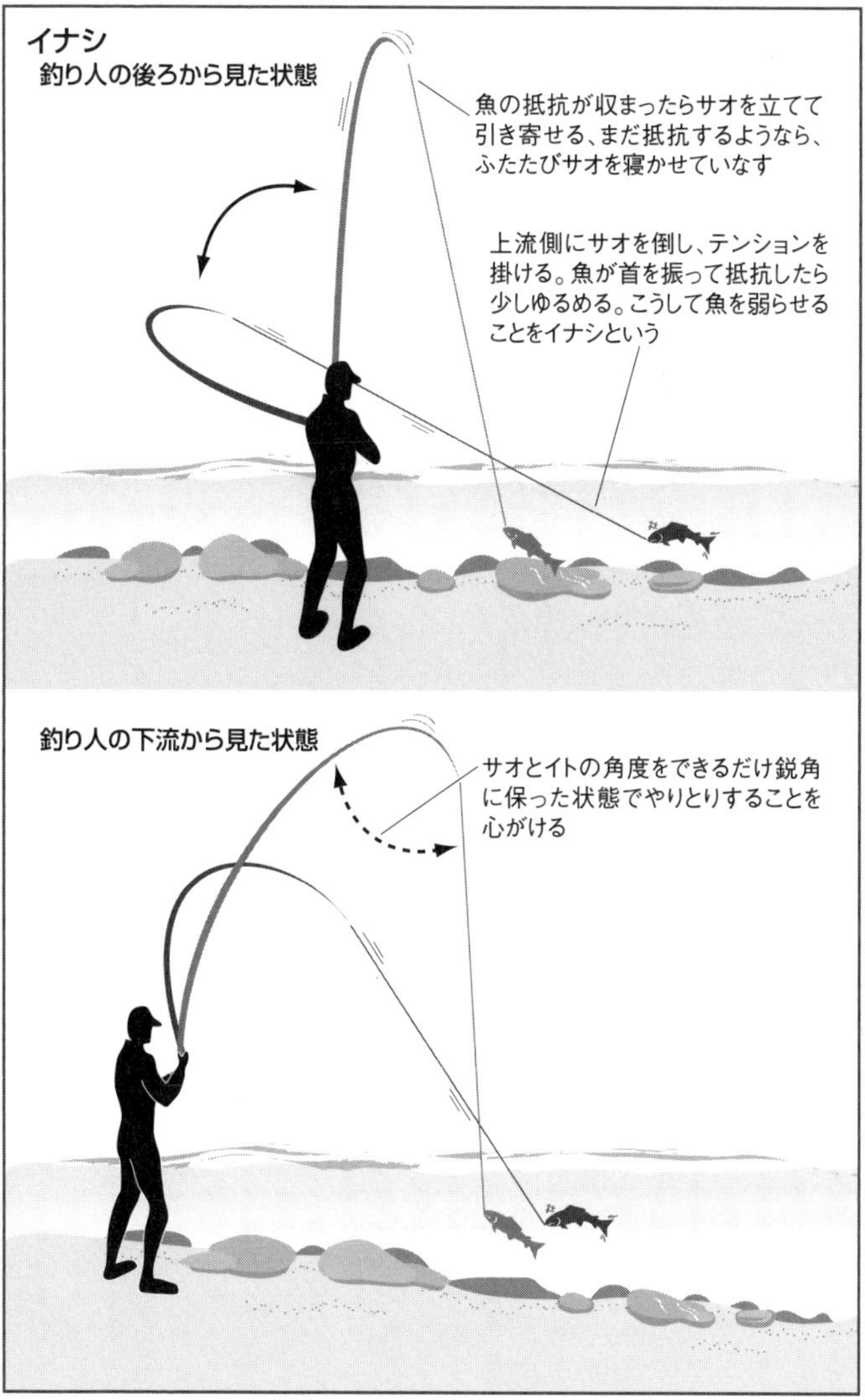

イナシ
釣り人の後ろから見た状態
魚の抵抗が収まったらサオを立てて
引き寄せる、まだ抵抗するようなら、
ふたたびサオを寝かせていなす
上流側にサオを倒し、テンションを
掛ける。魚が首を振って抵抗したら
少しゆるめる。こうして魚を弱らせる
ことをイナシという
釣り人の下流から見た状態
サオとイトの角度をできるだけ鋭角
に保った状態でやりとりすることを
心がける

「ポイント攻略」第1のポイントは立ち位置を見つめ直すことから

川に着くと、ついつい流心に近い好ポイントに目がいって、ジャバジャバと立ち込んでしまいがちです。しかしその行為はいたるところにある好ポイントを踏みつぶす行為にほかなりません。

川幅の広い大川では特にポイントが絞りにくいものです。そんなときはじっくり川を眺めてみましょう。波のようす、底石のようすから、可能性のありそうなポイントを捜し出します。思いのほか多くのポイントが存在することに気付くものです。

瀬の場合は流れの変化にできるYパターンや、似たような流れのヨレを見つけます。そして手前岸寄りのポイントから釣り始めます。「第1投は陸に立って」が鉄則です。それから徐々に流心へ向かって釣っていき、立ち込み可能なところまで釣ったら元の位置へ引き返します。上流または下流へサオ1本分、段々瀬なら、1段だけ移動してまた流心へ向かって釣っていき、立ち込み可能なポイントまで釣ったらまた引き返すという移動をしながら、ポイントを1つずつ探っていきます。これで釣り残しを少なくできます。

ここでよく話題になるのは、釣り上がりか釣り下るかという選択です。水に多少の濁りがある場合や流れの太い大川ではあまり気にすることはありませんが、水深が浅くて小さなポ

ポイントのねらい方

瀬の場合

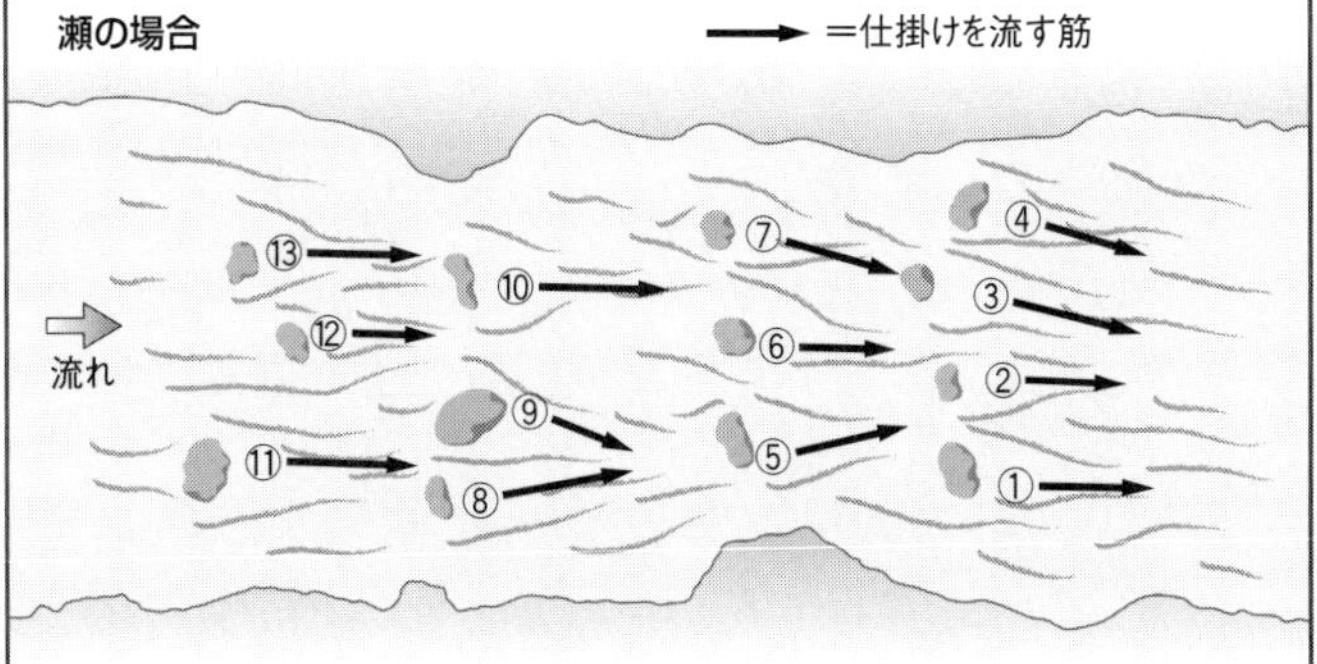

ナチュラルドリフトで瀬を釣る場合、手前①から順に④へと立ち込みながら釣っていく。④まで釣ったら同じコースを戻り、一段上流側へ移動して⑤から順に⑦へと釣っていく。その次は⑧→⑩、⑪→⑬と釣る。こうしてなめるように探ると釣り残しが少なくなる

淵の場合

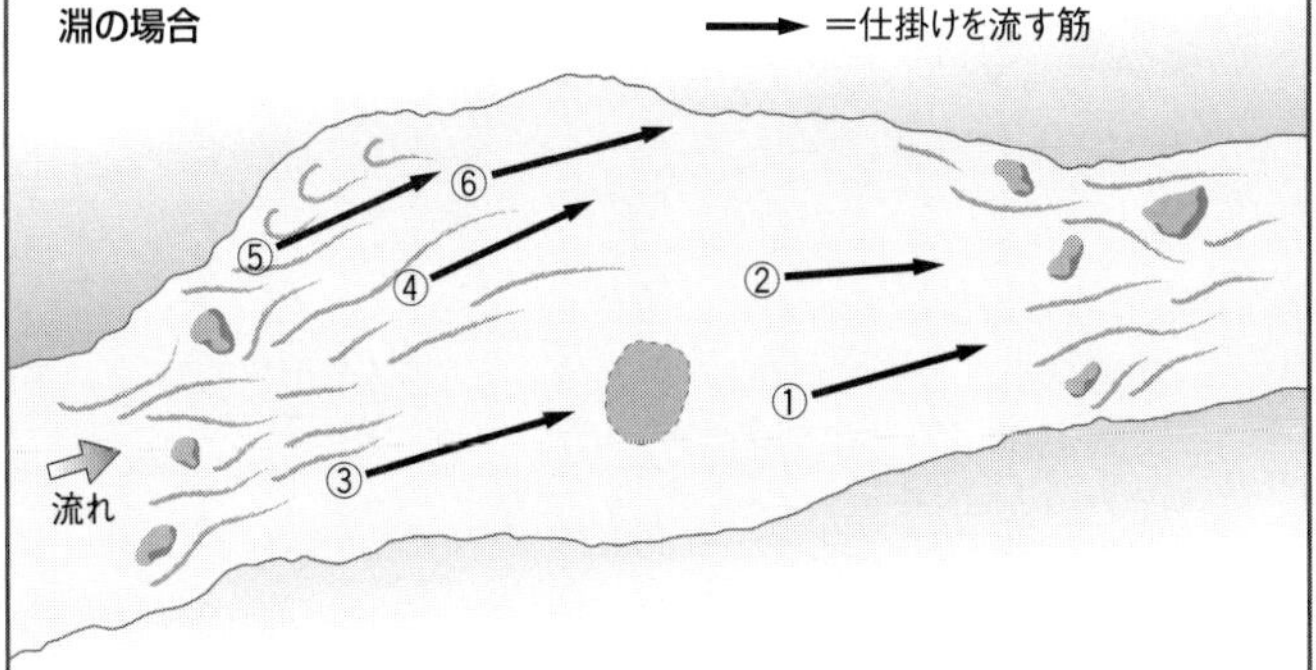

淵を釣る場合、魚を追い払ってしまわないように下流ヒラキの手前①から順に②へと釣っていく。次に本命③を釣り、徐々に④→⑥へという具合である。水面の波立ちの少ないところでは身体の動き1つも慎重にする

イントがたくさんあるような流れでは、できるだけ渓魚に気配を悟られないような方法を選択するようにします。ナチュラルドリフトは釣り人の正面を釣る釣りですから、釣り上がりが一般的です。

淵などの水深のあるポイントをねらう場合も同じように慎重な動きが求められます。たとえば流れ込み付近によいポイントがあるからといって、いきなりサモト（淵頭）に立つのは禁物です。振り回すサオの影で、いくつか出るハズの渓魚を追い払うことにもなりかねません。全体を見渡したうえで釣りを組み立てていくことが大切です。

水深のある淵または深トロがあったとします。サモトから少し下がったところにはよい波があり、沈み岩盤の受けには良型が潜んでいそうな気配がします。そのあたりから下流は波立ちが少なくなっているといった川相です。淵のヒラキ（淵尻）にも数が出そうなカケアガリがあり、対岸にはヨレやICパターンができて美味しそうなポイントが見えます。こんなときはつい1級ポイントである沈み岩盤のやや上流側に立ってサモトへ振り込み、岩盤の受けを釣りたくなるものです。しかし上流でサオを振ってヒラキの魚を追い払ってしまってはいけないので、まずはヒラキを釣ってから、上流の岩盤の受けをねらいます。そのあとで対岸のポイントをねらうといったように釣りを組み立てます。

波立ちが少なく水中まで見通せるような流れのときは、特に動作に注意を払い慎重に、バタつかないようにします。サオを振る前に魚がいなくなっては元も子もありません。

いろいろな目でポイントを見ているか

一方向から川を眺めて見えてくるポイントは限られています。橋の上からと、川に立ち込んで見た川の流れとでは大きく違って見える経験は誰にでもあると思います。目線を変えて波を見ることを心がけると、思わぬところによい流れが存在するのが見えてくるものです。

瀬にはいくつかのYパターンがあります。釣果のうえでは釣り残しを少なくすることが重要なので、小さな流れも見失わないように注意して同じような流れを捜します。しかし一方で、細かい流れに気をとられると、案外見落としがちなポイントがあるのです。一例が小さなYパターンが集まってできる大きなYパターンです。小さなYパターンがいくつか集まった流れの先には、たいていよい受けが存在します。こんな流れこそ本当の1級ポイントなのです。この大きなYパターンに気づかないと、1級ポイントを踏みつぶしてしまいます。

淵など水深のあるポイントを釣る場合には、より注意していろいろな角度から見なければいけません。流れの表面を見て川底を判断する難しさは、浅いポイントの比ではありません。川底にあるだろう石や岩盤などの障害物の位置と、そこに至るまでの流れの筋を想像してみると、思わぬところによい流れが潜んでいるのを見つけられることがあります。ときには川の流れ全体を眺めてみると、気づかなかったところにもよい流れが見えてくるものです。

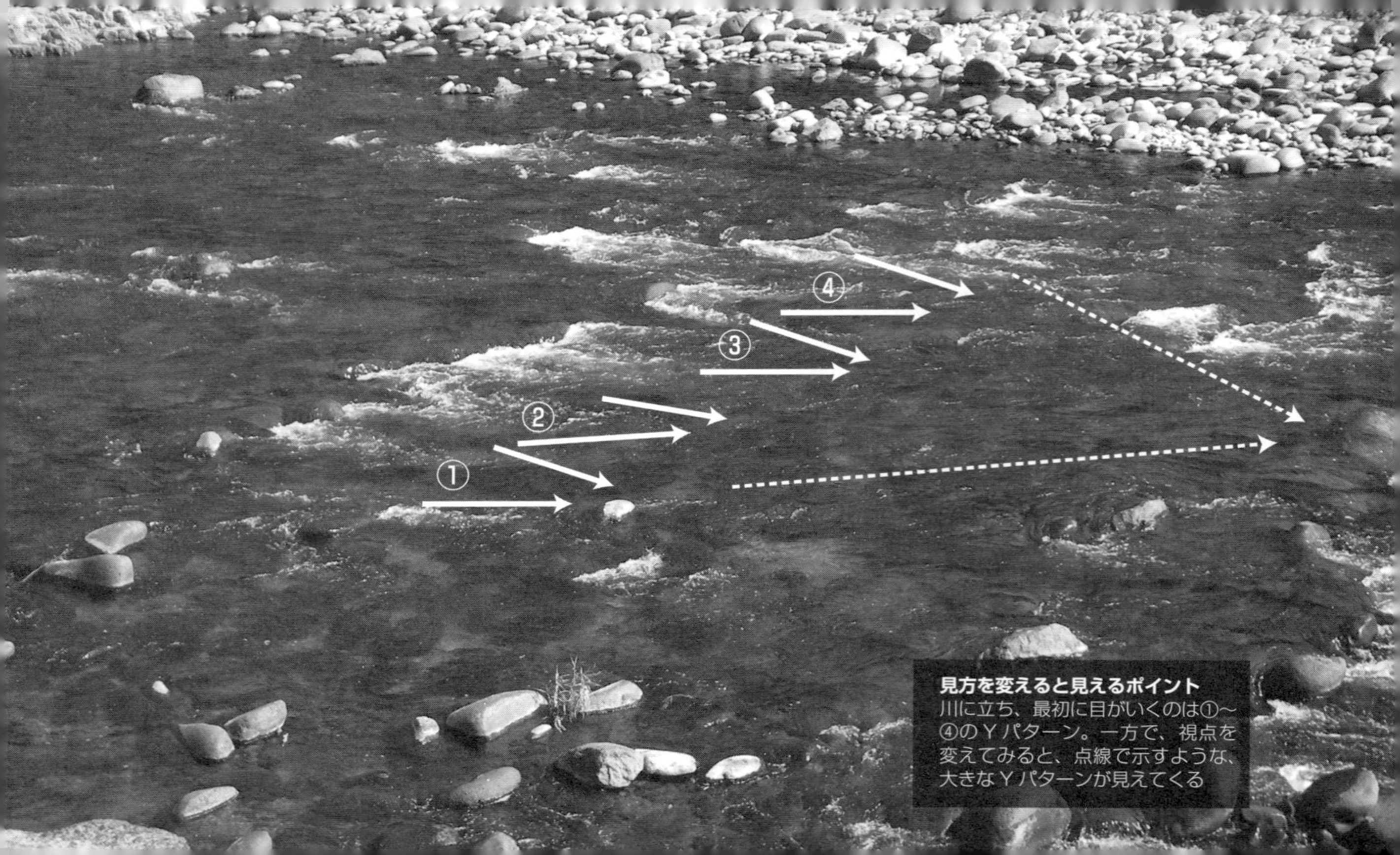

見方を変えると見えるポイント
川に立ち、最初に目がいくのは①～④のＹパターン。一方で、視点を変えてみると、点線で示すような、大きなＹパターンが見えてくる

ポイント移動のタイミングを間違えない

渓魚が付いていそうなポイントをくまなく探ることは渓流釣りの基本です。特に、初めてサオをだす川などではポイントをしらみつぶしにして、その川の特徴を把握することも大切です。

一方で、効率よく釣果を伸ばすための重要な要素に「見切り」と「粘り」があります。もう少し粘ればよいのが出そうなのに止めてしまったり、釣れる魚がいないのに粘りすぎて時間をロスしたりといった経験は誰にでもあると思います。

瀬では1つのポイントであまり粘らないようにして広くポイントを探り、淵ではある程度粘るのが基本ですが、見切りと粘りのタイミングはその時々によって変わってきます。頻繁にアタリがあって、ある程度広いポイントを1人で釣れるような状況なら、一つ一つの流れではあまり粘らないようにして、大ものが付いていそうなポイントを探って早く広いポイントを釣ったほうがよいでしょう。

アタリは出るが釣り人が多く、その日に釣れるポイントは限られているという状況なら、1つの流れで出そうな魚は全部釣ってやるくらいの意気込みで粘るのが得策でしょう。運よく一番川（しばらくの間誰もサオをだしていない川）に入川できた場合は、まず足早に1級ポイントだけを一通り釣って、その後で淵などの大場所をじっくりねらい、最後に釣り残したポイントを探るようにします。

いずれにしても、少し釣ってみて「見切り」と「粘り」のタイミングをつかむようにしましょう。その時点でその日の釣り方、ねらい方を決めるのです。

ときには大きなポイント移動も必要です。ある程度サオを振ってみて一向にアタリがないようなときは、車で大きくポイントを移動してみるのもよいでしょう。気分転換にもなります。川を代えるような大きな移動の末によいポイントにめぐり合えることもあります。

ポイント移動のタイミングを間違えないことが釣果につながる

ポイントの食わず嫌いをなくす

必ず大ものが潜んでいそうな大きな淵で数回サオを振って立ち去る釣り人もいれば、淵ではしつこく粘るが瀬はまったくサオをださない、という釣り人もいます。自称中級レベルの釣り人の中に多く見られるパターンです。初期は淵やトロがよくて、盛期になると瀬がよくなるといったポイントの移り変わりに応じて重点的にねらうポイントを変えていくのならよいのですが、解禁当初から初夏にかけてずっと淵ばかりねらうというのはよくありません。

たいていの場合、ある程度の密度で渓魚が生息する川であれば、渓魚が瀬にいて淵にいなかったりとか、淵にいて瀬にいないなどということはありません。食い波の項で説明した流れを読み、ねらい方を把握しておけば苦手なポイントも克服できるはずです。いろいろなポイントを探ることによって安定した釣果が得られる計算になりますから、ポイントの食わず嫌いはなくすことです。

釣り人自身の得意不得意は横に置いておいて、客観的な目で見ることによってポイントの優劣が見えてきます。自分がたとえ苦手なポイントでも、そのときの1級ポイントになり得る流れがあれば、精一杯の努力をしてみるべきです。そのことがポイントの食わず嫌いをなくすための第一歩となります。

サオ抜けポイント　ブッシュ（張り出した樹木等）の下
対岸の張り出した木の下は、上部の木が邪魔になってサオを操りにくいため、サオ抜けになっていることが多い

サオ抜けをねらって数を稼ぐ

釣り残しを少なくすることが釣果を得るうえで大切なことは前に述べましたが、逆の発想で、ほかの釣り人の釣り残しを捜し出すことが釣果につながることも多々あります。

スレッカラシの渓魚と真剣勝負することも大切ですが、手っ取り早いのはサオ抜けを見つけて食い気満々の魚を釣ることです。もちろん誰にでも見抜ける典型的なYパターンやICパターンのポイントが、そうそう手付かずで残されているわけがありません。しかし、そういう前提で流れに目を配ると、いろいろなサオ抜けポイントが見えてきます。

サオ抜けの可能性が高いのが、仕掛けが流しにくいブッシュや張り出した木の下。こんなところはオモリのサイズを落として横から振り込み、仕掛けを緩めながら送り込む感じで流れに入れてやります。アワセも横方向になりますが、ときには一か八かで水中イトがブッシュに絡む直前で

サオ抜けポイント　荒瀬
対岸の仕掛けを入れやすいポイントは、見つけやすく、すでに釣られていることが多い。手前の荒瀬の中にも○のようなポイントが点在するが、こちらは仕掛けが入れにくいため敬遠する釣り人が多く、サオ抜けしている可能性が高い

空アワセを行ないます。こんなところに付いている魚は警戒心が薄いので、知らないうちに食っていることが多いものです。

何の変哲もないベタッとした流れの中の小さなヨレや、すぐに立ち込んでしまいそうな浅い流れも一度は仕掛けを入れてみます。まさかと思うような流れに良型が潜んでいることが多いものです。特に4月以降の渓魚がノボリ（遡上）に向かう時期になると、瀬脇や瀬肩にできるチャラ瀬でバンバン食ってくる、なんてことがあるので要注意です。

白波逆巻くガンガンの荒瀬の流心にできた小さなYパターンやヨレなども、一般には敬遠しやすいポイントです。うまく仕掛けを入れることができればパワフルな魚が飛びついてきます。荒瀬ではオモリのサイズを上げ、女波を見つけてピンポイントへ仕掛けを入れてやります。根掛かりかと思うような強烈なアタリが出るでしょう。

川幅の広い、大きな川ほどサオ抜けポイントはいっぱいあります。

伍ノ扉

実践編2
ドラグドリフトと攻めの釣り。
「自称中級渓流マン」が落ちる2つの穴

ドラグドリフトはなぜ釣れる？

渓流釣りの基本中の基本はナチュラルドリフトです。マスターすれば、たいていのポイントは釣ることができるし、釣果もまとまってきます。しかし、もっと多くの魚に出会い、もっとたくさん魚を釣るために、もう一歩進んだ仕掛けの流し方があります。

伊藤稔さんがゼロ釣法で世に送り出したこのドラグドリフトは、ゼロ釣法ならではのドリフトとされ、ゼロロッドと極細イトを使うのがもっとも利にかなうといわれています。ドラグドリフトを一言でいえば、水中イトを斜めに倒して流す方法です。川の流れは表層が速く、底がゆっくり流れています。水中イトを斜めにすることで表層の速い流れの抵抗が軽減され、ナチュラルドリフトよりもエサを底波と同化さて仕掛けを流しやすくすることが可能になります。いわば、より自然なドリフトが演出できるようになるわけです。

水中イトを斜めに入れることには、もう1つ大きなメリットがあります。ナチュラルドリフトのアタリはダイレクトに出るという話をしましたが、エサをくわえた魚からすれば、すぐに仕掛けが上へ引かれるテンションが掛かって違和感を覚えます。一方、ドラグドリフトの水中イトが斜めに入った状態で魚がエサをくわえた場合、上へ引かれるテンションを感じるまでに時間的な余裕が生じることになり、魚はよりしっかりとエサを食い込むのです。

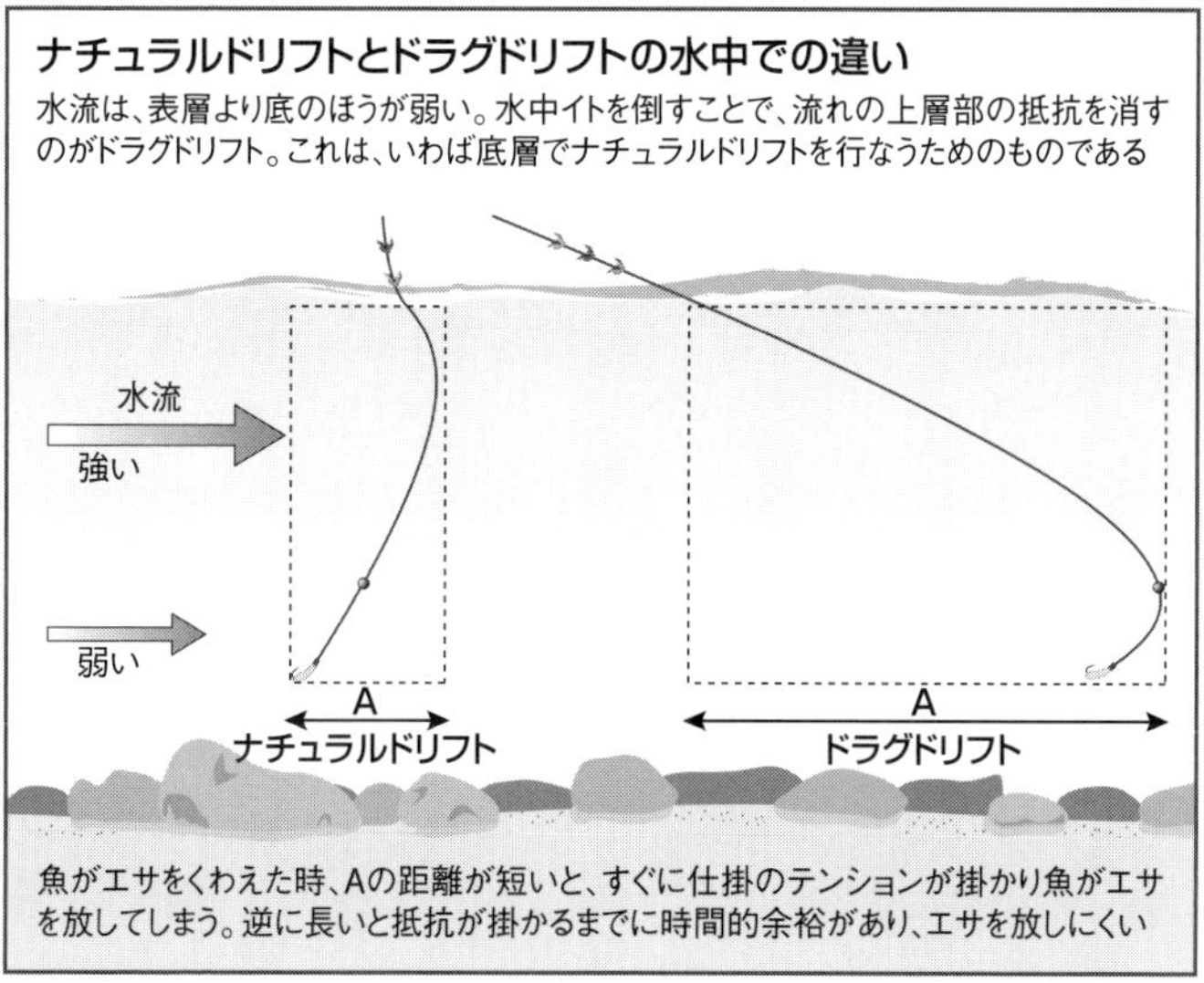

ナチュラルドリフトとドラグドリフトの水中での違い
水流は、表層より底のほうが弱い。水中イトを倒すことで、流れの上層部の抵抗を消すのがドラグドリフト。これは、いわば底層でナチュラルドリフトを行なうためのものである

魚がエサをくわえた時、Aの距離が短いと、すぐに仕掛のテンションが掛かり魚がエサを放してしまう。逆に長いと抵抗が掛かるまでに時間的余裕があり、エサを放しにくい

長良川の職漁師の中にも、仕掛けを斜めにゆっくり流すという技を駆使して釣果を上げていた人がいました。それも、0・4号という現在では太仕掛けの部類といえるイトでです。仕掛けの流れ方は実にゆっくりとして、はたから見ているとアタリの出方も微妙でした。まさにゼロ釣法におけるドラグドリフトと酷似していたのです。このドリフトがゼロ釣法によって理論化され、完璧なものになったといえます。

ゼロ釣法の釣りといわれるドラグドリフトは0・2号の水中イトでも可能です。ナチュラルドリフトでは振り向かなかった魚を釣るためのテクニックですから、尻込みすることなく挑戦しましょう。もちろんしっかりとしたナチュラルドリフトができなければ、ドラグドリフトへと進めません。ナチュラルドリフトをしっかりマスターすることが大切です。

イトを斜めに入れるコツは穂先を下げること

ドラグドリフトは仕掛けを斜めに倒して流すので、目印の位置はナチュラルドリフトのときよりも高くします。表面の流れが速いほどイトを寝かせる角度が狭くなるため、ということもあります。具体的にいうと、水深や川底の起伏にもよりますが水深の1・5倍から2倍の位置に一番下の目印がくるようにします。オモリはナチュラルドリフトで釣る場合よりも少し大きめにします。

ナチュラルドリフトが釣り人の正面で魚を食わせる立ち位置で釣るのに対して、ドラグドリフトは釣り人の立ち位置より下流で食わせる釣りです。したがって釣り人の立ち位置は、魚が付いていると思われるポイントより上流になります。実際には仕掛けを投入するポイントの正面に立ち位置がくるようにします。

立ち位置を決めるうえでもう1つ大切なことは、ポイントと釣り人の距離です。これから流そうとする筋が穂先の真下付近となるような位置に立つことです。離れすぎても近すぎてもよいドリフトができません。穂先が上流から下流へ移動する筋が仕掛けを流す筋と重なるイメージです。

仕掛けを正面の投入点に振り込みます。仕掛けを振り込んだらサオを立てて仕掛けを馴染

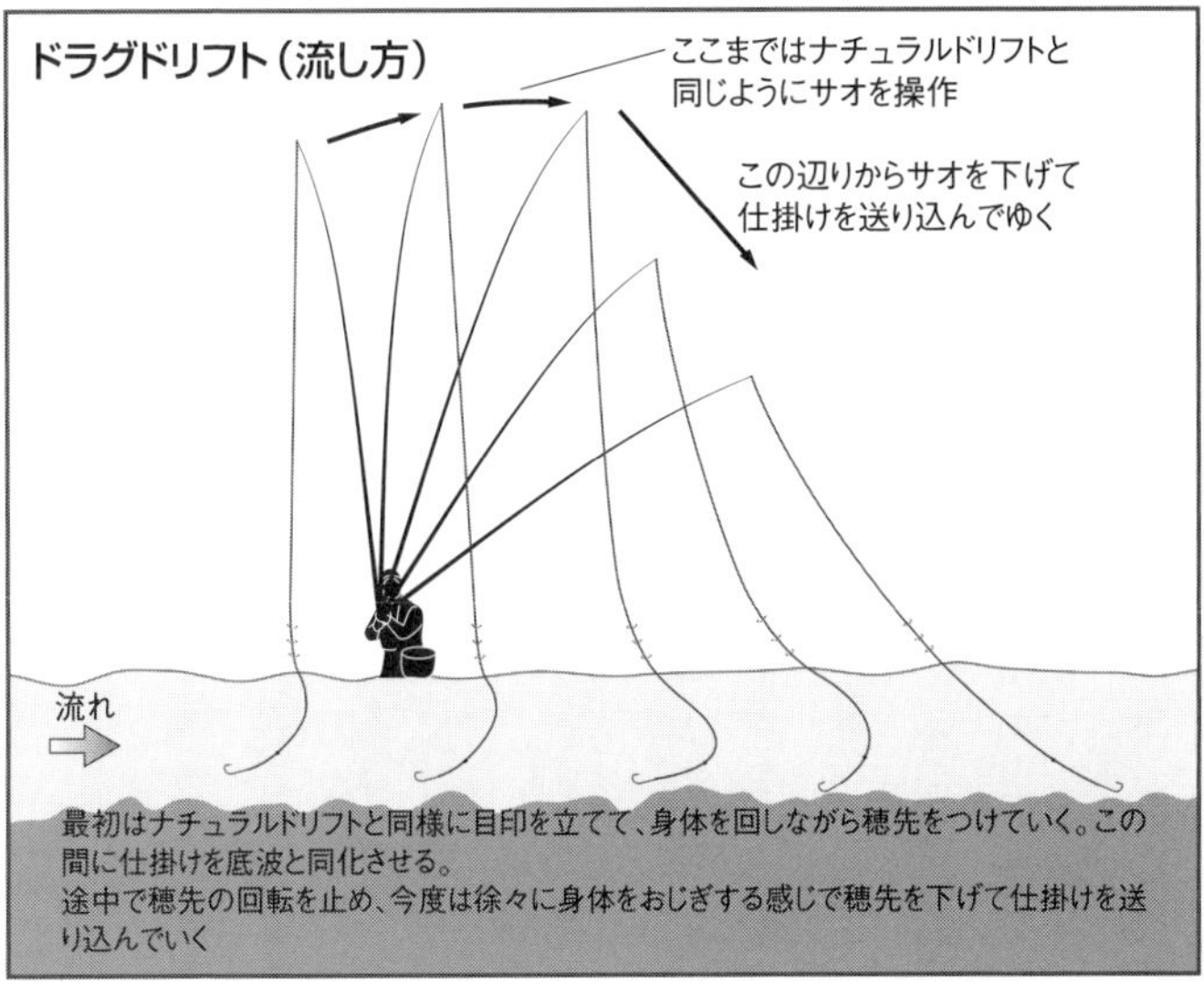
ドラグドリフト（流し方）
ここまではナチュラルドリフトと
同じようにサオを操作
この辺りからサオを下げて
仕掛けを送り込んでゆく
流れ
最初はナチュラルドリフトと同様に目印を立てて、身体を回しながら穂先をつけていく。この間に仕掛けを底波と同化させる。
途中で穂先の回転を止め、今度は徐々に身体をおじぎする感じで穂先を下げて仕掛けを送り込んでいく

ませます。ここまではナチュラルドリフトと同じです。仕掛けが馴染んだら、そのままドリフトに移ります。最初はナチュラルドリフトと同様に目印を立て、身体を回しながら穂先をつけていきます。身体が少し回ったところで穂先の回転を止め、今度は徐々に穂先を下げていきます。このときも手先で穂先を下げるのではなく、上半身をお辞儀するイメージでサオを倒してやることが大切です。すると徐々に水中イトが倒れながら仕掛けが流れます。仕掛けを送り込んでいくような感じです。ベタザオより少し上、角度にして30度くらいでストップして仕掛けが浮き上がったら、もう一度振り込みます。

仕掛けを振り込んで身体を回す区間、

つまりナチュラルに流す区間は、仕掛けを流れに同化させる区間と理解してください。その後、徐々に仕掛けを寝かせていくことで操作中の仕掛けのブレが生じにくくなり、滑らかなドリフトができるようになります。

ただ、水中イトを斜めに入れてドラグドリフトをやっているように見えても、実際には仕掛けが底波を捉えていないという釣り人が多いことも事実です。そんなときはもっと目印を高くしてみます。根掛かりを恐れず仕掛けをしっかり送り込んでやるように心がけると上手くいくものです。そのためには仕掛けがしっかり底に入り、なおかつ根掛かりしないオモリの大きさの選定と、張らず緩めずといったサオの操作感覚を身につけることが大切ですから、経験を積む中で覚えていきましょう。

もう1つ注意することは、ナチュラルドリフトの状態で身体を回しすぎないこと。できるだけ早く仕掛けを馴染ませ、穂先を下げることができるようになりましょう。水中イトを斜めに入れて流す区間を長くすることが、魚に出会う確率を高めることになります。また、ゼロ釣法の場合はサオが軟らかく、穂先の食い込みもよいのである程度下ザオになっても大丈夫ですが、穂先の硬い本流ザオでのドラグドリフトは、極端な下ザオで魚を掛けると食い込みが悪くバレのもとになるので注意します。

ドラグドリフトがさらに進化するとデッドドリフトになる

ドラグドリフトでは流し始めはナチュラルで水中イトを流れに同化させるという動作を行ない、その後水中イトを倒していきます。最初から水中イトを斜めにして流すことができれば、より効率的なドリフトができることになります。つまり、ドリフトできる区間全部を水中イトを斜めに入れて流してやろうというのがデッドドリフトなのです。

立ち位置から振り込みまではドラグドリフトと同じです。違うのはサオを立てながら仕掛けを馴染ませるのではなく、着水した仕掛けを斜めに送り込みながら底波へ入れ、そのままドリフトに移るという点です。

ドリフト時に注意することは、仕掛けが浮き上がらないように、また根掛かりないように慎重に管理しながら流すことです。具体的には、仕掛けを送り込んで、目印が止まるようなら仕掛けが底についているということになるので、送り込むのをやめてサオを止めて待ちます。こうして待っていると仕掛けが浮き上がるので、完全に浮き上がってしまわないうちにまた送り込んでやります。この操作がよどみなくできるようになれば、デッドドリフトに近づいてきます。最終的には目印とサオに伝わる感度でイトを張らず緩めずの操作を行なうことができるようにします。

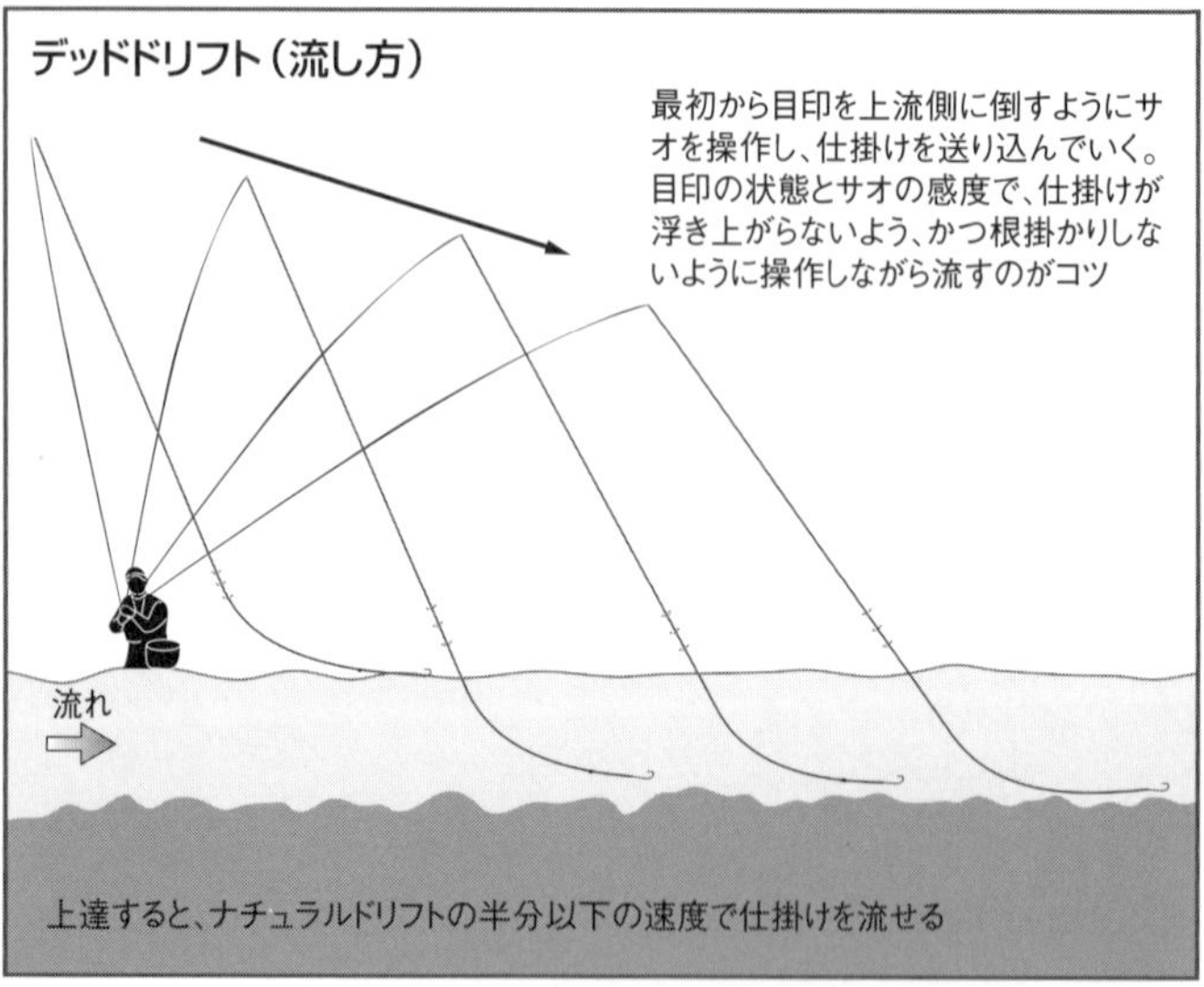
デッドドリフト（流し方）
最初から目印を上流側に倒すようにサオを操作し、仕掛けを送り込んでいく。目印の状態とサオの感度で、仕掛けが浮き上がらないよう、かつ根掛かりしないように操作しながら流すのがコツ
流れ
上達すると、ナチュラルドリフトの半分以下の速度で仕掛けを流せる

仕掛けの速度をコントロールしながら流すドリフトは、これまで釣れなかった魚をも引き出すことができる最強のドリフトといえる

水中のようすを想定してみます。ナチュラルドリフトでは表層の流れに引かれた仕掛けがエサを引っ張りながら流れている状況ですが、ドラグドリフトでは仕掛けが表層の流れの抵抗を消し、エサは底波と同化して流れます。このとき水面における仕掛けの動きはゆっくりと同じスピードで流れているように見えますが、川底ではエサが石裏では巻き込まれ、石の受けでは吹き上がったりと、まさに川底の流れと同化した動きを見せているはずです。ナチュラルを超えたナチュラルとなるわけです。従って、魚もより自然にしっかりとエサをくわえてくれるようになります。

ドラグドリフトやデッドドリフトでの魚のアタリの出方は、ゆっくりモゾッとした感じで出ます。アワセは穂先で聞いてやる感じで充分です。魚がエサを飲み込みガッチリとハリ掛かりしていることが多いのも特徴です。飲み込んだハリを外すのが面倒で、目印を凝視して早いアワセを入れてハリ掛かりを浅くしたりもします。まあ、こんなことをするのは入れ食いのときくらいですが。

水中イトが斜めに入っているので、掛けた魚を遊ばせず一気に抜いたとき魚は上流側へ斜めに飛び出してきます。そんなときは、アワセで上流へはねたサオを下流へ回すような感じで、上流側へ飛び出した魚の軌道を修正しながら手元のタモへと飛ばすクセをつけます。まさに渓流の「つばめ返し」です。これもナチュラルドリフトの場合との違いで、一見高等技術のように見えますが、慣れればさほどむずかしいテクニックではありません。

渓魚は吹き上がるエサに弱い

仕掛けを流し終えて吹き上がるとき急に魚が食ってきた経験は誰にでもあると思います。なぜそれまで口を使わなかった魚が反応するのか？　理由はいろいろ考えられます。

魚の付いている波、食い波の項でお話した水障部「受け」は渓魚が定位しやすく、その受けで吹き上がるエサにはつい反応してしまう。あるいは、流れ去るエサ（逃げるエサ）を追う本能的な行動かもしれません。いずれにしても、このエサの動きが誘いになっていることは間違いありません。ならば、この不自然な動きを意識的に行なえば渓魚の反応を引き出すことができると考えられます。デッドドリフトでの水中の仕掛けの動きを思い出してください。石裏で巻き込まれたエサが受けでは吹き上がります。デッドドリフトでこの動きを演出することは簡単です。ドリフトの途中で穂先を一瞬止めます。その瞬間オモリの動きがストップし、エサが吹き上がるはずです。そして次の瞬間アタリが出るということになります。

この方法をさらに進化させると、常時エサ先行のドリフトも理論上は可能になります。仕掛けが浮き上がるのを押さえるギリギリのテンションを掛けながら仕掛けを流していくと、常時エサを先行させて流すことも可能になってくるというわけです。ここまでやれば、釣り人の意のままに管理されたドリフトとなり高等技術となってきます。実際にここまでできなくても、水中のようすを想像しながら常に目印を凝視し、仕掛けが浮き上がらないように注意してテンションを掛けて流せれば、必ず魚は釣り人のほうを向いてくれるでしょう。

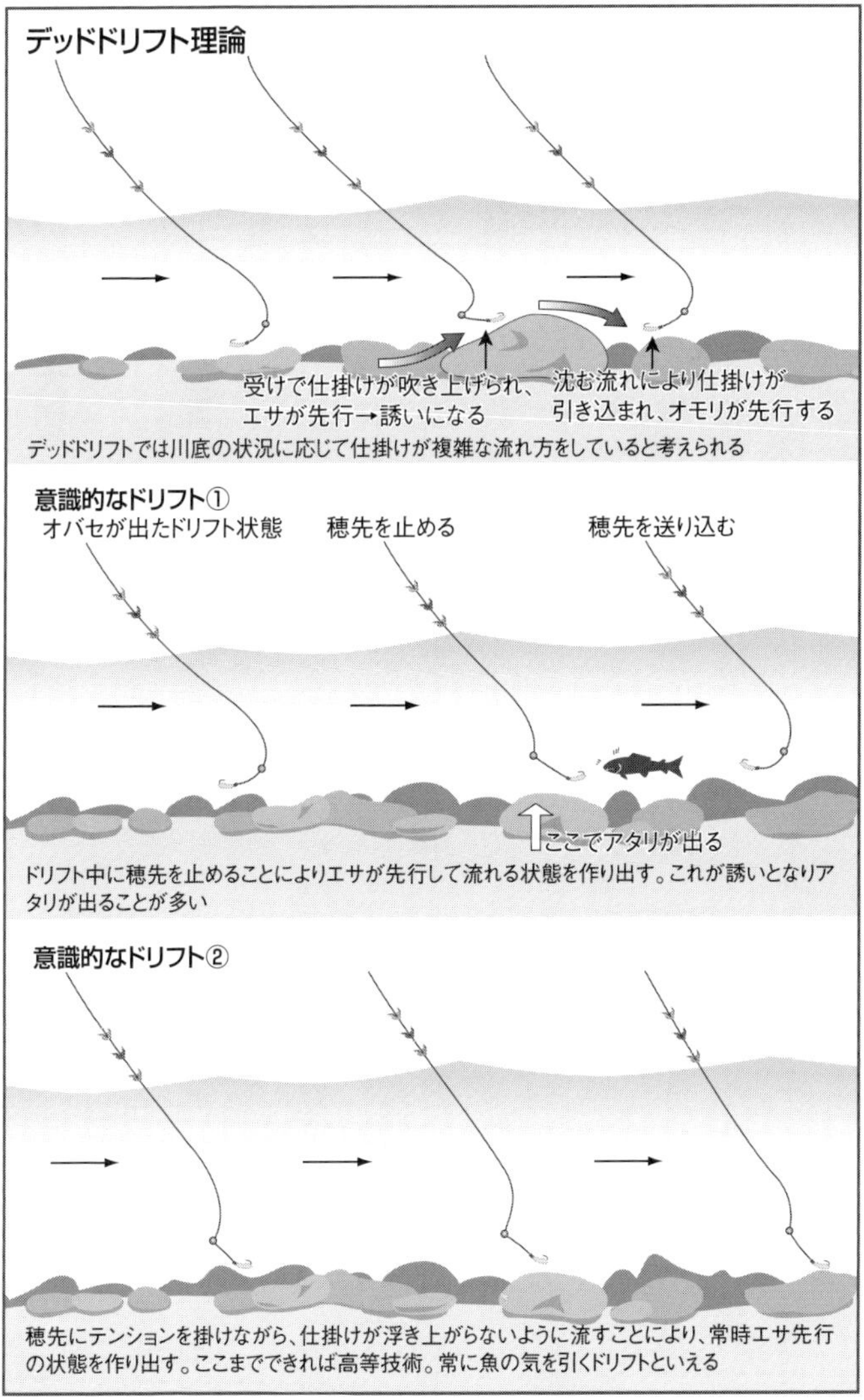

デッドドリフトでは川底の状況に応じて仕掛けが複雑な流れ方をしていると考えられる

ドリフト中に穂先を止めることによりエサが先行して流れる状態を作り出す。これが誘いとなりアタリが出ることが多い

穂先にテンションを掛けながら、仕掛けが浮き上がらないように流すことにより、常時エサ先行の状態を作り出す。ここまでできれば高等技術。常に魚の気を引くドリフトといえる

ドリフトも使い分けが大切

最新のドリフトとして位置づけられているドラグドリフトやデッドドリフトといえども、万能ではありません。

これらのドリフトが苦手とするのは、淵などの水深があるポイントです。水深が2ｍも3ｍもあるような流れでは、水中イトを斜めに入れて流すということは非常に難しいことです。水深のある流れで、表層の流れの抵抗を消すために水中イトを倒そうとすると、多くは中層を流れたり、表層の流れに負けて仕掛けが吹き上がってしまいます。それでも底に届かせようとすると、相当大きなオモリが必要になってきます。表層から底層まで同じような流速であるなら別として、水深のある流れでは表層、中層、底層と流れの速さが違い、ときには川底の障害物によって微妙な流れの変化が出現します。そんな流れに大きなオモリの仕掛けを入れるとたちまち根掛かりしたり、流れの筋を外れてしまって釣りになりません。従って水深がある流れにはドラグドリフトやデッドドリフトは不向きであり、ナチュラルドリフトでねらうほうが効果的ということになります。

では、どの程度の水深までならドラグドリフトやデッドドリフトが可能なのでしょうか。経験的には平均的な水深が1ｍあたりのところが境目となりそうです。もちろん、流れの速さや川底の状態にもよりますが、このあたりを境に、それより浅いところはドラグドリフトやデッドドリフトで、深いところはナチュラルドリフトでねらいます。

切り立った岩盤にはばまれ側面からポイントに近づけないような場合、あるいはポイントの側面に立つことによって魚に釣り人の気配を感じ取られてしまいそうなときなどは、ポイントの下流に立って上流へ仕掛けを振り込み手前に流すというようなこともやります。こんなときは仕掛けの流れに合わせて徐々にサオを立てていき、ナチュラルドリフトに近い流し方をするのが精一杯で、ドラグドリフトなどは行なう術もありません。

最強といわれるドリフトもポイントによっては使えないことがあるということを覚えておきましょう。

また、変化の少ない流れで魚がどこで食ってくるかつかみきれないようなポイントでは、仕掛けを上流へ振り込んで釣り人の正面まではナチュラルに流し、正面から下流はドラグドリフトで流すといった方法で、できるだけ広い範囲を探るという方法をとることもあります。

よい釣りをするためにはねらうポイントによっていろいろなドリフトを繰り出すことが大切です。最新のドリフトという武器を持っていても、渓流釣りの基本であるナチュラルドリフトはやはり重要なドリフトなのです。

基本に逆らうことが理にかなうこともある

ナチュラルドリフトにおけるポイント移動の基本は釣り上がりですが、ドラグドリフトやデッドドリフトは釣り人の立ち位置より下流で魚に食わせるドリフトですから、逆の釣り下がりに利があります。

瀬におけるポイント移動を想定してみます。基本中の基本である、足元の筋から釣り始めるという点はナチュラルドリフトと同じです。ナチュラルドリフトの項では触れませんでしたが、対岸へ向けて沖側へ釣っていく方法を基本としながらも、そうでないほうが効率的にポイントをつぶさない釣りができる場合もあります。先にも書いたように、ドラグドリフトは釣り人の立ち位置より下流を釣ります。そのため、一度流した筋の延長線上にある下流のポイントへと釣り下がりながら移動し、ふたたび元の位置へ戻ってもう1つ沖の筋を下流へと釣るという方法のほうが、効率よくポイントをつぶさない釣りができる場合もあります。

川に立ったとき、ある程度の区間を一まとめとしてポイントを捉えたうえで攻略を考えると、釣り上がりがよいのか釣り下がりがよいのか、あるいは流れに対して直角な移動がよいのか流れに沿った移動がよいのか、その場に適した方法が見えてきます。

淵についても同じことがいえます。ドラグドリフトやデッドドリフトでは淵頭から順に淵尻へと仕掛けを流し、続いて対岸の流れを釣るといった方法をとります。もちろん水深があってドラグドリフトでは探りきれないようなポイントはナリュラルドリフトでねらわなければならないので、ケースバイケースで方法を見極めます。

仕掛けを流す層についても常識にとらわれないほうがよい場合もあります。ドリフトで気をつけることは、仕掛けを底波に入れてやることといいましたが、水面を流れるエサを追っている魚は底を流れるエサには反応しません。そんなときはオモリを小さくして水面近くを流すということもしなければなりません。仕掛けを持ち上げ気味に下流へと送ってやる方法で、エサテンカラなどと呼ばれますが、魚がライズ（水面付近を流下するエサを捕食している状態）しているときに有効な釣りとなります。

エサテンカラのエサは川虫でよいですが、幼虫が羽化したものをエサにするとより効果があります。橋の欄干などにとまっている虫を捕まえてエサにします。長良川では「チョウムシ（蝶虫）釣り」といって、オモリは付けず、ハリより50〜60cm上に目印だけを付けて流します。魚が出て、目印まで仕掛けが入ったらゆっくり合わせるのです。夕方、特に夕マヅメは警戒心が薄れるのか、よく食ってきます。

ときには基本といわれていることに逆らうことのほうが、理にかなっている場合もあるということです。

渓流釣りに万能釣法はない

タックルも万能なものはありません。大ものねらいのタックルで数釣りに臨むのは愚の骨頂ですし、ゼロ釣法で40㎝オーバーとの決戦は避けるべきです。いくらテクニックを駆使してもかなわないことが多々あります。

釣りの面白さは数を取ることと一発大ものねらいとに大きく分けられます。しかし、釣り人とは欲張りなもので、常に安定した釣果を求め、できることなら大ものを求めたいのです。

釣れる魚の大きさを縦軸に、数を横軸にしてジャンルを分けてみると、大もの釣りと数釣りの得意とするところが分かれてきます。仮に、大ものねらいの釣りを大もの釣法、対極にあるのが数釣りを得意とするゼロ釣法とします。大もの釣法が大型魚を獲ることを目的とする一方で、小型の魚やスレた魚には向かないのに対して、ゼロ釣法は活性の低いスレた魚を得意としながら、大型魚を獲るという点については難があります。本書で解説してきた本流釣りは、それぞれの釣法で培われた川見であり、ドリフトをはじめとするテクニックなのです。両者の中間に位置するタックルを駆使して、気難しいスレた魚から大ものまでねらおうという意図があります。ゼロ釣法で培われたテクニックを取り入れることで、少しでもゼロ釣法に近づくことが可能となり、ゼロ釣法より太いイトとそれにマッチしたサオのパワーを

釣法別の得意分野イメージ

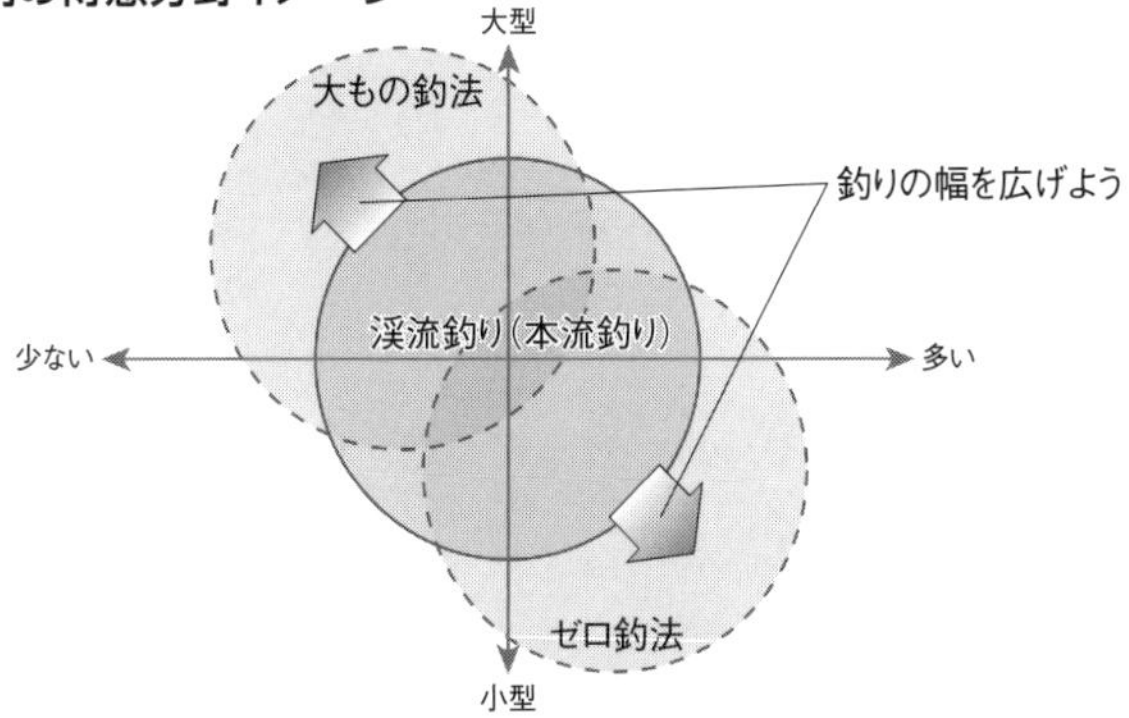

縦軸に型、横軸に数（釣果）をとると、それぞれの釣法の得意分野が見えてくる。中道をいくのが一般の渓流釣りであり、両極にある釣法の利点を取り入れることで釣りの幅を広げることができる。
一方で各々の釣法には限界があるので、時には両極の釣りに挑戦することも必要となる

駆使することでそれなりの大ものに立ち向かうことができるようになるはずです。それをあえて本流釣法ということで解説してきたわけです。釣法の限界点を少しずつ広げながら釣りの幅を広げることが、釣果アップにつながると確信して、実践してきた釣法なのです。

　しかし、この釣りとて決して万能ではありません。ときには本流ザオをゼロロッドに持ち替え、極細イトで魚に相対しなければ満足のいく釣りができないこともあります。またあるときは小ものにはわき目もふらず、剛竿に太イトで40cmオーバーに挑むことも必要になります。そうしなければ欲張りな渓流マンの気持ちを満たすことはできません。渓流釣りに万能釣法はないのです。

両極の釣りに挑戦！

本流釣法が中道をいく釣りとするならば、両極にある釣法がゼロ釣法と大もの釣法になるということは先に触れたとおりです。そして、釣りの幅を広げるという意味でこれら両極にある釣法に挑戦してみたいものです。

まずゼロ釣法について、本書で解説してきた各種ドリフトの理論はゼロ釣法によって培われたものであり、本流ロッドをゼロロッドに持ち替えることでこれらのドリフトはよりやりやすく、確実なものになります。

極軟調子のゼロロッドは、振り込みの際に仕掛けを胴に乗せやすくなるので、テンポのよい「の」の字振り込みが可能になります。また、ドラグドリフトやデッドドリフトといった、ドラッグを掛けたドリフトを考えた場合、少々下ザオになっても魚に食い込ませることができます。さらに、軟らかい調子はやりとりにもある程度の余裕を与えてくれるという利点があります。一方で、ある程度の型の魚を掛けた際のやりとりに時間がかかるため、場荒れを招きかねないという欠点もあります。

大もの釣法は、大もの用のパワーのある長ザオに太イトというタックルで臨むため、釣り自体はどうしても大雑把になりがちです。一方で、安心感のあるタックルは掛けた大ものを確実に獲るための釣り人の力強い片腕となってくれます。

　これら両極の釣法の使い分けとしては、解禁当初に小型が多いフィールド、渇水、釣り人のプレッシャーで魚がスレてきたときは、ゼロ釣法を駆使して魚との駆け引きを楽しみます。尺上が姿を見せ始める5月以降やサクラマス、サツキマスねらいは、大もの釣法で一発勝負に臨むといった感じになります。ゼロ釣法にもパワータイプのゼロロッドを駆使して大ものと勝負するという分野がありますから、そういう意味ではゼロ釣法も万能に近いものであるともいえますが、より安心して大ものに望むためにはやはりそれなりのタックルで臨んだほうが確実です。

　そして、それぞれのタックルについてもトータルバランスが大切です。

　ゼロ釣法の場合は7m前後のゼロロッドに水中イトは0・08〜0・1号のフロロカーボン、天井イトはナイロン0・2号とします。ハリはゼロバリの2〜3号、エサによっては1号の極小バリも使います。

　大もの釣法の場合は獲ることを優先し、サツキマスをねらうなら水中イトは0・4号から0・6号、サクラマスサイズになればもう1ランク太くします。水中イトに合わせて天井イトも0・8号から1号と太くし、ハリもサイズアップして軸太の丈夫なものにします。通常より太いイトを使って水深のある流れを釣ることが多いので、オモリもガン玉の1号から4Bと大きめのものを常用することになります。

ゼロ釣法 タックル&仕掛け

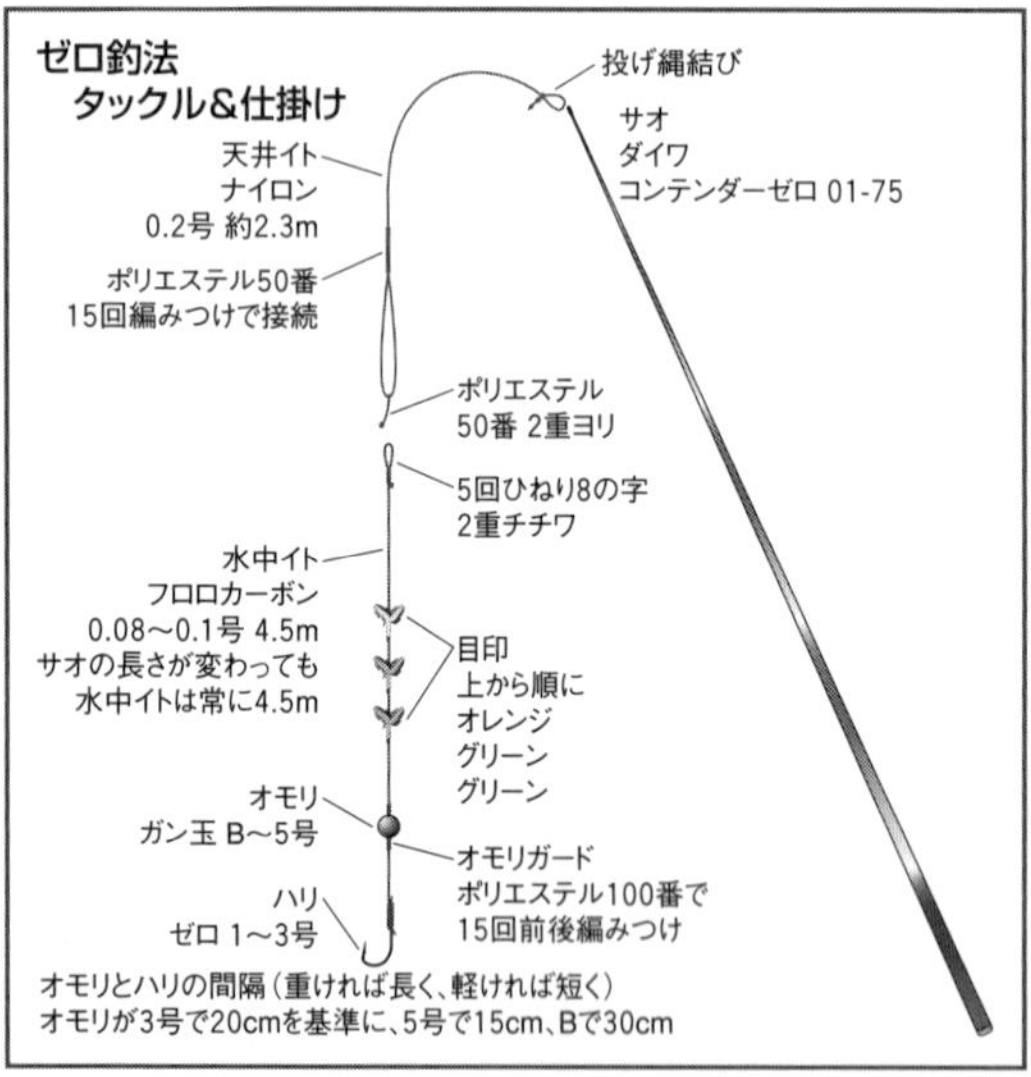

大もの釣法 タックル&仕掛け

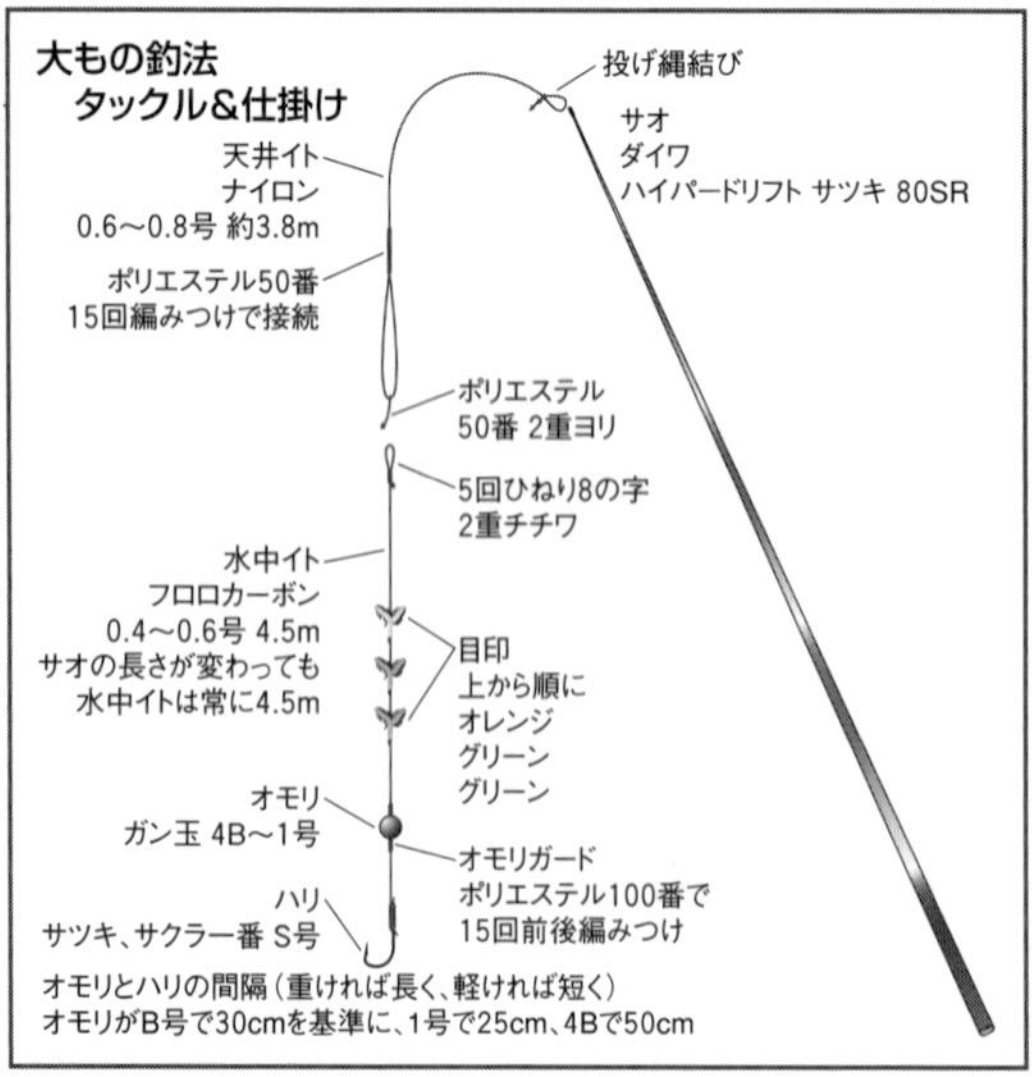

当然サオも長めでパワーがあるものにしたほうが楽にやりとりできます。大もの用のサオが各メーカーから出ていますので、フィールドに適した長さ、対象魚に合ったパワー、持ち重りと操作性といったところを考慮してチョイスします。ちなみに私のサツキマスねらいのサオは、ハイパードリフト・サツキ80SRです。

エサは、ゼロ釣法ならばハリに合わせた小さめの川虫です。ピンチョロがいる川なら絶大な効果をもたらします。ヒラタやキンパクを使う場合も小さめのサイズをチョイスしましょう。大ものねらいには、エサも大きなものを使用するのがベターです。クロカワや大きめのミミズがよいでしょう。ミミズを使う場合は何匹かを房掛けにして視認性をよくするということもやりますが、そこまでは必要ありませんし、食い逃げの憂き目に遭う確率が高くなります。基本的には1匹をミミズ通しで通して使います。せいぜいこれにもう1匹をチョンがけにする程度で充分です。

解禁からしばらくの間の魚の活性が低いときはゼロ釣法、徐々に魚の活性が上がってくると本流釣りをメインにします。特に増水後の入れ食いが期待できるようなときは、ゼロ釣法よりも本流釣法に分があります。そしてサツキマスが遡上してくる5月からは、これをねらって大もの釣りに的を絞る……というのが長良川をメインフィールドとする私の釣法の切り替えです。

大ものの付き場には法則がある

サクラマスやサツキマス、40㎝近い大ヤマメや大アマゴが潜む流れは、一般の渓魚が付くポイントにプラスαの要素を加味しないとなかなか見極めることはできません。

魚の立場になって、大きな魚体を潜め外敵から身を守り、生きていくにはどんなところがよいかということを考えてみます。1つに、水深は深いほうが大きな魚体を隠せます。次に、身を隠す陰になるものがあると好都合です。もう1つ、大きな魚体を安定して定位させられるところならなお好都合です。水深があるところとなると淵、身を隠すものがあるところといえば大きな岩盤や石の陰、大きな魚体を安定して定位させられるところといえば流れが受けているところ＝水障部ということになります。それでいてエサが採りやすい流れであれば、より好都合ということになります。ヤマメやアマゴが石などに分断された流れの後方にできる揉み合わせに付くのに対して、大ものは石の頭の受けに付くことが多いということです。淵の中でも特に水深があり、大きな岩盤もしくはカケアガリがある付近で受けが存在するところを捜せば、大ものが付いている可能性が高いということです。

同じような理由から、大ものは水深のある流れの中の波立ちの下にいることもあります。水面に頭を出した岩盤や大石はもちろんのこと、流れのようすから水中に存在する起伏をう

大ものの付き場

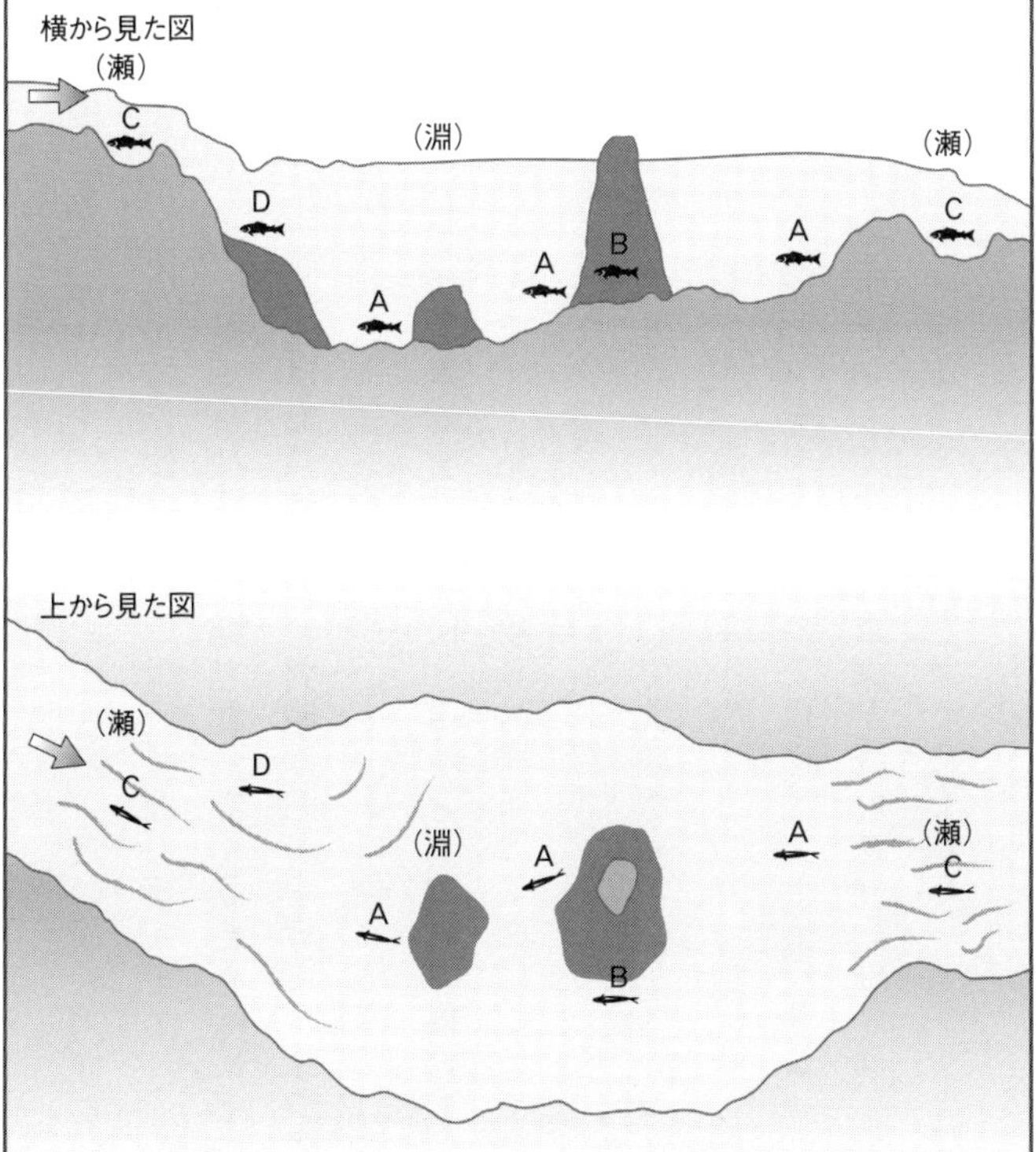

大ものは魚体を安定させやすいA（＝岩盤などの障害物や淵尻にできる「受け」）、B（＝大ものが身を隠しやすい岩盤などの際）などに付いていることが多い。
また、釣り人のプレッシャーが高く淵を追われた場合はC（＝淵の上下の瀬の中のフクロ）に身を潜めることがある。
朝一番など警戒心が薄れているときはD（＝淵頭の浅場）などに出てくることもある

まく読み取ってアプローチを組み立てていきます。釣り人のプレッシャーが高く、住処である淵を追われた大ものが淵の上下の瀬に入ることもあります。朝一番には岸寄りの思わぬ浅場へ出ていることもあります。これらの中から、食い波の条件と合致するポイントを捜し出すことができれば、大ものに出会う確率は高くなります。

魚が淵の上下の瀬に出ていたり、浅場で食ってくるときは反応が早いですから、こんなポイントはあまり粘る必要はありません。問題は淵の中です。1つの淵をねらうとき、ざっと川を見て大ものが付きそうなポイントをいくつかに絞り込み、しつこいくらい同じポイントをねらうようにします。大場所になるほどポイントの読み違いもあるので、そんなところは特に念入りに探ることです。粘りと見切りのタイミングについては、こと大もの釣りに関しては徹底した粘りに分があることが多いものです。

そしてもう1つ、大ものポイントとして実績が高いのが堰堤の下流です。特に4月以降、遡上期に入ると遡上してきた魚が行く手をさえぎられる堰堤などの下に溜まっている可能性が高く、サクラマスやサツキマスなどの1級ポイントとなります。堰堤下がプールのように水深があればそこがポイントとなり、水深が浅いような場合は、魚が休み場を求めてふたたび下流の淵へ下ったりするので、そんなところをねらいます。とはいえ、遡上中に行く手をはばまれた魚をあえて釣るのはいかがなものかとも思います。できることなら、自由に行き来できる流れの中で大ものが潜むポイントを見つけて正々堂々勝負したいものです。

大ものには心して臨め

タックルが揃い、ポイントがつかめたところで、大ものはなかなかエサに反応してくれません。長良川では「マス（サツキマス）は流しが一筋違うと口を使わない」といいます。これは流す筋が少しでもズレると食わないという意味で、しっかりと流れの筋を読み、仕掛けを流さないとアタリが出ないということです。そのためには、サオを振る回数を多くすることも大切ですが、一方で不自然な仕掛けの流し方を繰り返すことで、かえって魚に警戒心を与えてしまい、あげくの果てに魚にソッポを向かれては元も子もないので注意が必要です。

流す筋が外れた場合でも魚が反応することはありますが、そんなときはたいていチョンとエサに触っていなくなります。エサを見ると魚の噛み跡が残っています。何度かやっているとアタリがなくなります。チョンと触るようなアタリがあったときは、しつこく流すようなことはしないで一旦ポイントから離れ、しばらくそのポイントを休ませて、もう一度仕掛けを流す筋を見直すべきです。

大ものは食わせるのも一苦労なら、取り込むのも一苦労です。大ものが食ったときのアタリは案外小さく、モゾッと水中イトがもたれかかり、根掛かりかと思うようなアタリがでることが多いので、おかしいと思ったら合わせます。魚は、大きいほど合わせたときには動きません。サオを絞ると初めてゴンゴンと首を振り始め、一気に走ろうとします。この最初の走りを止められるかが勝負の分かれ目になります。

走りを止めたらイナシにかかります。サオに伝わる感触で魚の状態を把握し、テンションの掛け具合を調整します。ときにはテンションを緩めて魚を泳がせ、またときにはやや強引にテンションを掛けて浮かせ、魚の体力を消耗させることに全力を注ぎます。ここで気をつけることは、サオとイトの角度をできるだけ鋭角に保ってサオのパワーを最大限引き出すことです。サオが伸されると切られます。イナシの基本はできるだけサオを上流側へ寝かせて上ザオの状態でやりとりしますが、川底の起伏が大きかったり、イトを巻かれそうな障害物があるときはサオを立てた状態でやりとりするようにします。

魚の動きが鈍ったら浮かせてフィニッシュとなりますが、タモ入れのときに注意することは、魚を寄せてからタモを差し出さないことです。魚はタモの影におびえて最後の力を振り絞って疾走します。足を巻かれて切られたり、また走られたりといった憂き目に遭います。魚を浮かせたら、あらかじめタモを水中へ差し込み、そこへ魚を誘導するようにしましょう。

どこで食わせてどのようにイナシ、どのように取り込むか、あらかじめシミュレーションするくらいの心構えで臨まなければ、大ものを手中にすることはできません。

大ものは食わせるまでが一苦労、取り込むのもまた一苦労。
万全の準備と、状況に即した対応が求められる

基本を押さえて自分の釣りスタイルを作ろう

「習うより慣れろ」ということわざがあります。昔は、釣りは人の技を盗めといわれました。名人名手といわれる人はなかなか教えてくれないから、自分で技を盗んで練習あるのみというのが釣りの世界の常識でした。実際、職漁ともなれば他人に技術を教えるのは自らの稼ぎに直接影響することなので、決して教えなかったといいます。しかし、今は違います。渓流釣りの面白さをできるだけ多くの人に伝えたいと考える名手はたくさんいます。

自称中級以上のレベルにある釣り人にありがちなのが、「こんなことを聞くのは恥ずかしい」とか、「こんなことを教えてもらうのはちょっと」という中途半端なプライドです。釣りはしょせん遊びの世界ですから、そんなことは気にしないでわからないことがあればどんどん聞きましょう。最近はいろいろなところで講習会も開催されています。また、名手の釣りに同行する機会があれば、じっくり釣りを見せてもらいましょう。中途半端に同じことを繰り返すよりも実際に見聞きし、教えてもらったほうが上達は早いものです。名手は言葉にできない何かを持っています。「習う」ことは壁を越えるもっとも有効な方法です。そのうえで繰り返し練習すること、つまり「慣れる」ことです。

プロ野球選手を見るといろいろなスタイルがあります。打者の中にはホームランバッター

講習会は、解説付きで名手の釣りを間近で見ることのできるよい機会だ

もいればコツコツ安打を積み上げる選手もいます。投手にしても、速球でぐいぐい押すタイプもいれば、絶妙のコントロールで打者を振り回す選手もいます。でも、一流といわれる選手は、みなそれぞれに輝いています。釣りの世界も同じです。本書ではいろいろな釣法やテクニックを解説してきましたが、それはあくまで基本です。一挙手一投足を真似する必要はまったくありません。同じようなテクニックでもやり方は1つではなく、もっとよい方法があるかもしれません。

100人の釣り人がいれば100通りの釣りがあってよいと思います。そんな中で基本を見失うことなく精進できれば、中級の壁突破はもちろんのこと、上級レベルへのステップアップにまでつながると思います。ぜひ自分の釣りスタイルを作りましょう。名手の釣り姿には無駄がなく、華があります。そして釣果もしっかりとまとめます。そんな釣り人を目差してがんばりましょう。

六ノ扉

釣果アップに即効！
きっと役立つ豆知識

雨前の曇天、雨後の引き水

釣り日和という言葉があります。もし、時間が許すなら誰でも絶好の釣り日和に釣行したいものです。

渓流釣りの釣り日和にはいくつかありますが、よくいわれるのが雨後の引き水時です。増水によって魚が動き、引き水になると活発にエサを追うことから、大釣りができるチャンスとされてきました。加えて、高水でサオがだせていないわけですから、いわゆる一番川の釣りができるわけです。

アマゴのことをアメゴとかアメノウオと呼ぶ地域があります。漢字を充《あ》てると雨子とか雨の魚となるわけで、雨のときに釣れる魚という意味があるとのことです。一気に水位が上がるような強い雨はだめですが、少々の水位の上昇はアマゴの活性化につながると思われます。

一方で、水位が上昇する盛りには岸辺の枯れ草の葉などのゴミが流れ始め、そうなると魚は口を使わなくなります。雨が止んでゴミの流れも止んで、水位が引き始めてからが絶好の水況になります。水位が下がるにつれて、これまでサオがだせなかった場所にもポイントが現われてきます。増水後の数日間はチャンスです。

温度についてはどうでしょう。春の気温は三寒四温といわれ、数日のサイクルで暖かい日と寒い日が交互にやってきます。まだ暖かくなりきらない時期の水温の上下は、渓魚の活性に大きな影響をもたらします。前日より少しでも水温が上がれば活発に活動する魚も、逆に1℃でも下がると急に口を使わなくなるということがあります。この水温の上下には、気温と風が大きく影響します。春先の風は北から吹く冷たい風ですから、たとえ晴れていても風が強いときは急激に気温が低下します。

「春風日陰」ということわざがあります。これは、朝は無風状態だったのに日が差し光が回るころになると急に強い風が吹いてきて、そして太陽が沈むと風が止んでくるというさまをいい表わしています。また、晴れの日は強い風も曇りの日には吹かないという意味もあります。いずれも春独特の気象状況を表わしていますが、いかにも雨が降り出しそうなどんよりと曇った日は暖かく、水温も高くなるものです。もちろん、風がなければサオも振りやすく、よい釣りができます。そういう意味で、雨の前の曇りの日もまた絶好の渓流釣り日和といえます。

現代は情報化時代です。スポーツ新聞の釣り欄や釣り雑誌はもとより、インターネットやブログなどタイムリーな釣り情報が入手できます。しかし好釣の情報をもとに釣行してもすでに釣りきられた後ということが多く、よい釣果は期待できません。それよりも河川の水位情報と天気予報をもとに、理想の釣行日を選択したほうが釣果アップにつながるというものです。

春先、解禁当初はじっくりとねらおう

待ちに待った渓流解禁、早いところでは2月になると解禁する河川もあります。遅くても3月中にはほとんどの河川が解禁となりますが、解禁当初の渓流釣りは場所ムラ、日ムラが多いものです。

寒い日が多いこのころのねらいめは、やはり淵やトロなど水深があるポイントとなります。まだ目覚めきらない渓魚たちは、深みの物陰でじっとしているので、川底にある大石の際やエグレのようなところをねらって、ゆっくり仕掛けを流します。一般にアタリも鈍く、まだサビの残った魚が食ってくることが多いですが、本流筋では銀ピカの疑似銀毛が食ってくるところもあります。

解禁当初でも暖かい天気が2日も続き、雪ではなく雨が降りそうな気配に変わるときは一気に渓魚に活気が出てきます。まさに「雨前の曇天」です。魚もまだスレておらず、釣りやすい時期ですから、運よくこんな日に当たればかなりの大釣りが期待できます。

いずれにしても解禁当初は渓魚もまだ本格的には始動していない時期ですから、寝ぼけマナコの魚をじっくり起こすような釣りを心がけます。もちろん、基本的なテクニックに変わりはありません。

春爛漫、桜散るころ渓魚はひと休み

解禁が一段落し、暖かくなるにつれて渓魚の活性も高くなってきます。サビも取れて姿もよくなってきます。いよいよ渓流釣りも本格化し、本流でも支流でも釣果が上向いてきます。テンポよくポイントを探ると数も型も満足のいく釣りができるようになり、本格的な渓流シーズンの到来となります。

ところが、周りの山々が芽吹き始め、満開だった里の桜が散り始めるころ、急に魚の食いが落ちることがあります。このようすを長良川の職漁師たちは「川面や水中を流れる桜の花びらにアマゴが戸惑って、口を使わなくなる」といいました。

理由はいろいろ考えられます。本当に魚が桜の花びらに戸惑ってエサを追わなくなるのか、あるいは解禁以来釣り人にねらわれ続けた渓魚が極端にスレてくる時期がこのころなのか、確かな理由は分かりませんが、ちょうどこの時期は川虫の端境期と合致します。ここでいう端境期とは虫が入れ替わる時期のことです。キンパクが川から姿を消し、ヒラタもオコシムシが羽化して、ようやく小さなナデムシが採れはじめる時期です。つまり、それまで渓魚の主食だった川虫が極端に少なくなることも、食いが落ちる原因の1つだといいます。

このころはウグイの産卵期でもあります。川底の砂利底が真っ黒になるくらいウグイが集まって産卵します。実はこのウグイの産卵床の下流には渓魚がいて、流れるウグイの卵を待ち構えているともいいます。一時的に渓魚の嗜好が川虫から魚卵に変わるのかもしれません。

以上、真偽のほどはともかくとして、こういう理由で食いが落ちる時期もあるということを職漁師たちはいっていました。知っておいて損はありません。

春が深まる最中にも、さまざまな要因が渓魚の活性に影響を及ぼす

ノボリの時期は好釣期

「ノボリアマゴ口を開く」これも長良川の職漁師たちがいったことわざです。

4月も中旬を過ぎると渓魚は急に口を使い始め、上流を目差して動きはじめます。長良川ではこの時期のアマゴをノボリアマゴと呼び「ノボリアマゴは口を開く」といいます。アマゴを釣りあげ、ビクに入れておくと口を開くという意味です。ノボリアマゴは口を開いた状態で死後硬直するということを表わしています。そして口を開く魚はよくエサを追い、釣りやすいともいいます。

もう1つ「五月アマゴにアユ敵わず」といいます。これはアマゴとアユでどちらが美味しいかということについて、アユでも脂の乗った5月（旧暦の5月なので実際には4月という説もあります）のアマゴにはかなわないという意味です。この時期はちょうどノボリの時期で、アマゴの活性が高くなり、エサを飽食するという意味でもあり、アマゴが荒食いするようすをいい表わしています。余談ですが、この時期脂が乗った魚も水温が高くなる夏場になると捕食活動が低下して、やせてきます。ノボリの時期は我々釣り人にとってはもちろんのこと、渓魚にとっても最高の時期といえます。

魚が大きくなり遡上するこの時期は、大釣りできるシーズンの到来でもあります。通常ノ

ノボリの季節は良型を数釣りできるチャンス

ボリの時期は5月一杯から遅くても6月までで、良型を釣るチャンスです。

同じようなことわざに「ノボリアマゴに虫盛り」ということも言います。ここでいう虫とは羽虫のことで、温かくなって川虫の羽化が最盛期になってくると、アマゴの食いが立ってくるという意味です。

ノボリの時期はとんでもない浅場で食ってくることが多いものです。本書で解説した通常の大ものの付き場＋瀬脇や瀬肩のチャラ瀬がねらいめとなります。まさかと思うような超浅場で食うことが多いですから、特に朝マヅメにはチャラ瀬を重点的にねらいましょう。そして羽化した川虫を食む魚が頻繁にライズするようになったらエサテンカラでねらってみましょう。

暑い夏の住処とねらい時は限られる

「夏ヤマメ1里1尾」などといわれます。夏場の渓が1里歩いて1尾しか釣れないかどうかは別として、釣りにくくなることは確かです。支流や源流域など、年間を通して水温の上昇が少ないところはよいとしても、本流域のように適水温を越えて水温が上昇するところでは、渓魚の付き場所は限られてきます。こんなときは活性が落ちることは先に書いたとおりです。

高水温時に渓魚が付きやすいポイントは、淵などの直射日光の影響を受けにくい水深の深いところや酸素の供給が多い落ち込みの泡の下、水温の低い湧き水があるところ、同じ理由で低水温の支流が合流する付近といったところに限られてくるようになります。こんな条件のところをねらうようにします。また、渓魚が食ってくる時間帯も限られてきます。一番のねらいめは朝マヅメです。夜間に多少なりとも水温が低下するため、朝一番に口を使うようになると思われます。昼間はまさに「夏ヤマメ1里1尾」の世界になります。

一方で夏場はアユ釣りに転向する渓流マンも多く、アユ釣り場と重なっている河川では、かえって渓魚が釣りやすくなることもあります。サオ抜け状態が続くのと同じ状態になるわけで、やはり朝マヅメのまだ友釣りマンが入川しない時間帯をねらいます。いずれにしても、夏場の釣りはよほど好条件が整わない限り難しい釣りを強いられます。

気候もよくなる秋口は荒食いする

夏場、食い渋っていた渓魚も秋の気配を感じるころになると、ふたたび活性が高くなってきます。「秋口の荒食い」といわれるように、春の水温むころのような食い気を見せてきます。この時期食ってくる魚の中には前の年の冬に孵化した新子と呼ばれる0歳魚も多く混じります。リリースギリギリサイズ以下のものはほとんどが0歳魚です。中には0歳魚でも銀毛化が始まるような魚は20㎝近い大きさになっており、よい引きを味わうことができます。また、1年間釣り人にいじめられながらも生き延びた1歳魚が大きく成長して釣り人を楽しませてくれます。

禁漁間近になると、考えられないような食い方をしてくることもあり、シーズンを納めるために気持ちのよい釣りのできるときでもあります。冬場を控えて体力をつけるために食うのか、あるいは産卵を控えた魚が栄養補給のために食うのか定かではありませんが、よく釣れるものです。

しかし、この時期の魚の中にはこれから産卵を迎えるものもあり、また小型の0歳魚には来春まで元気に生きながらえてもらわなければなりません。この時期は釣りを楽しんだらシーズンのために釣った魚はリリースしてあげましょう。

荒食い季節の釣果は、来シーズンの楽しみのためにできるだけリリースを

魚の疑問1　ハリをくわえた魚をリリースしても大丈夫なの？

渓流魚の資源減少を防ぐためにもキャッチ&リリースは大切なことだと思います。フライフィッシングの世界では、早くからキャッチ&リリースが行なわれてきました。釣った魚をやさしく扱いリリースします。ときにはハリが刺さった口の中を消毒してから川へ放すといった話も聞きます。ここまでやれば最高でしょうが、実際にはなかなかできることではありません。

昨今は、エサ釣りにおいてもキャッチ&リリースを励行する動きが増えています。特にゼロ釣法に傾倒する釣り人の中には、釣りすぎて資源を絶やしてはいけない、次回も楽しく釣るためにリリースするといった考えで釣果はすべてリリースする人もいます。

では、釣り人が釣って引き舟に入れ持ち歩いていた魚をリリースした場合、その魚は生きながらえることができるのでしょうか？　この疑問を解決したくて、釣った魚を生かしたまま自宅へ持ち帰り飼ってみたことがあります。河川水を引き込んだ1坪ほどの池に何回かに分けて150尾のアマゴを入れ、川虫を与えて飼ってみました。結果は、最後の魚を入れてから20日間飼っていた間に死んだのは7尾でした。2～3時間引き舟に入れて持ち歩いていた魚もあることを考えると、この数字は上出来だと思います。生残率は（150－7）÷

リリースは次回の楽しみの種まきと考えよう。引き舟に入れて持ち歩いた魚でも、リリースすれば充分に生きていける

150＝95・3％となります。

野生魚を狭い池の中に150尾も入れて飼ってこの結果ですから、川へ引き舟に入れて持ち歩いた魚でもリリースすれば充分生きていけるということがいえると思います。もちろん釣ったらその場で放流するにこしたことはありませんが、その場で放流するのは概して場荒れの元になりますから、引き舟に生かしておけばよいと思います。

釣った魚を食べることも渓流釣りの楽しみですから、釣った魚を全部リリースせよとはいいませんが、たくさん釣れたときには、必要なぶんだけ持ち帰り、残りは次回の楽しみのためにもリリースするのも、末永く釣りをするための1つの方法ではないでしょうか。

魚の疑問2　海から遡上したサクラマスやサツキマスは川へ入ると本当にエサを食べない？

「サクラマスやサツキマスは川へ遡上を始めるとエサを食べないようになる」ということを耳にします。「釣りエサに食いつくのは本能的に反応を示すだけだ」というのです。だから大ものの釣りは難しいのだと理解している釣り人も多いと思います。確かに釣ったサクラマスやサツキマスの腹を割いても、エサらしいものは何も入っていないことがほとんどです。

ところが、長良川下流部の網漁でサツキマスを獲っている漁師に聞くと、「昼間獲れたマスの腹は空っぽだが、夜獲れたマスの腹にはアユが入っている」といいます。どうもサツキマスがエサを食べているのは夕方、それも夕マヅメからしばらくの間のようだというのです。陸封型のアマゴやヤマメほどは活発にエサを追わないにしても、マスもちゃんとエサを食べているということですから、まぐれで釣れているわけではありません。

サツキマスが動く時間帯についても過去に調べられた経緯があります。大学の研究施設における実験によって得られた知見として、サツキマスは日の出の時間帯に遡上する傾向が強く、一部では日暮れ時に遡上するということです。このマスが動く時間帯とその前後もやはりねらいめということになると思います。サツキマスの場合、経験上は一日中どの時間帯でも釣りあげていますが、割合ではやはり朝夕のマヅメ時が多いような気がします。

渓流マンたる自分を見失わないための心得「昨日の川は今日の川にあらず」

周りの環境が釣果に与える影響は大きいものです。渓流釣りも同様、いやそれ以上にその時々の周囲の状況で釣果は大きく変化します。日々変わる水位や水温は当然として、釣り人のプレッシャーはことのほか大きく、渓魚の行動を変えてしまいます。特にサンデーアングラーにとっては1週間という間がフィールドを大きく変えていることが多いものです。秘境のような川が存在するのならそんな心配は無用ですが、大方は大勢の釣り人と競合する釣りを強いられるわけで、そのことはしっかりと頭にたたきこんでおかなければなりません。

「この間は頻繁にアタリがあったのにおかしい」という思いが集中力を途切らせてしまい、釣りにならないということがよくあります。それがあたりまえといった気持ちで現状を受け入れ、ポイント選択、アプローチからドリフトとテクニックを駆使して自分の釣りを組み立てていくことが大切です。日々変化する川の状況にほんろうされることのないような心構えが安定した釣果につながるものです。

ときにはその逆もあります。何度通ってもよい釣果に恵まれなかったポイントで荒食いに出会うということもありますから、思い込みは禁物です。いつも新鮮な気持ちで川に立つようにしましょう。渓魚は必ず微笑んでくれると信じて。渓流釣りとはそんな釣りです。

著者プロフィール

白滝治郎（しらたき　じろう）

1958年1月4日生まれ。岐阜県郡上市在住。
小学生の頃、職漁経験を持つ父賢司に教えを乞い、自宅近くの長良川でアマゴを釣って以来、渓流釣りにハマる。現在はアユではオートマ釣法、渓流ではゼロ釣法からサツキマスをねらう大もの釣りまでこなし、2月の渓流解禁からからアユが終わるまで川に入り浸る。月刊『つり人』誌上で渓流釣りのグラビア記事等のほか、「長良川ものがたり」などさまざまな視点から釣技の解説に務めている。
郡上漁業協同組合参事、DAIWA フィールドテスター、NPO法人長良川友釣り普及振興会理事長、中部銀影会会長。

渓流釣《けいりゅうつ》りがある日突然《ひとつぜん》上手《うま》くなる

2010年3月1日発行

著　者　白滝治郎
発行者　鈴木康友
発行所　株式会社つり人社

〒101－8408　東京都千代田区神田神保町1－30－13
TEL 03－3294－0781（営業部）
TEL 03－3294－0766（編集部）
振替 00110－7－70582
印刷・製本　三松堂印刷株式会社

乱丁、落丁などありましたらお取り替えいたします。

ISBN978-4-88536-171-5 C2075
つり人社ホームページ　http://www.tsuribito.co.jp
いいつり人ドットジェーピー　http://e-tsuribito.jp/